Jürgen Dahl:

Nachrichten aus dem Garten

Praktisches, Nachdenkliches und Widersetzliches aus einem Garten für alle Gärten

Mit 28 Schwarzweißabbildungen

Klett-Cotta
im
Deutschen
Taschenbuch
Verlag

dtv

Von Jürgen Dahl
ist im Deutschen Taschenbuch Verlag erschienen:
Die Erde weint (Hrsg.; 10751)

Alle Pflanzen eines Klostergartens:
Februar: Seite 23, 24

Im Text ungekürzte Ausgabe
1. Auflage Dezember 1989 (dtv 11164)
3. Auflage Juli 1993: 17. bis 20. Tausend
Deutscher Taschenbuch Verlag GmbH & Co. KG, München

ISBN 3-608-93120-1
Umschlaggestaltung: Reinhild Hofmann, München
Umschlagfoto Rückseite: Dorothee Dahl, Münster
Gesamtherstellung: C. H. Beck'sche Buchdruckerei, Nördlingen
Printed in Germany · ISBN 3-423-30077-9

Das Buch

Nehmen wir in unserer technisierten Umgebung die Jahreszeiten und ihren Wechsel überhaupt noch richtig wahr, oder registrieren wir sie nur dann, wenn sich die Angebote der Freizeitindustrie verändern? Die Natur wandelt sich im Lauf eines Jahres ständig, und was sich von Monat zu Monat an Neuem in der Pflanzenwelt ereignet, bringt Jürgen Dahl in seinen ›Nachrichten aus dem Garten‹. Er weiß aber nicht nur von Neuigkeiten zu berichten, sondern auch von Staunenswertem (lebendgebärende Gräser), von Überraschendem (was alles zum Vorschein kommt, wenn man Kanarienfutter aussät), von Unüblichem (Moderplätze für Holz), Praktischem (Knoblauch und Gemüse), aber auch von Unsinnigem (Torfmull) oder Ärgerlichem (»Folienkram«). So entstand ein Gartenbuch, das zum Nachahmen anregt, vor allem aber zum Nachdenken. Denn Jürgen Dahl, Gärtner aus Passion, redet nicht den Öko-Strategen oder einer heilen »Biotopia« das Wort; auch setzt er sich mit der eher modischen Naturgarten-Welle auseinander. Dahl begreift die Gärtnerei, wie sie der Mensch immer schon betrieben hat: nämlich auch als Eingriff in die Natur – es kommt nur darauf an, mit welcher Verantwortung dies geschieht.

Der Autor

Jürgen Dahl, geboren am 18. Oktober 1929, Buchhändler und Journalist, wurde 1966 mit dem Deutschen Journalistenpreis ausgezeichnet. Seit 1974 ist er Mitherausgeber der Zeitschrift ›Scheidewege‹. Neben zahlreichen Beiträgen in Zeitschriften und im Rundfunk veröffentlichte er ein Dutzend Bücher, u. a.: ›Einreden gegen die Mengenlehre, Einreden gegen die Mobilität, Einreden gegen Plastic‹ (1974), ›Auf Gedeih und Verderb‹ (1977), ›Aufschlüsse‹ (1977), ›Der Tag des Astronomen ist die Nacht‹ (1979), ›Der unbegreifliche Garten und seine Verwüstung‹ (1984), ›Wildpflanzen im Garten‹ (1985), ›Neue Nachrichten aus dem Garten‹ (1987), ›Die Verwegenheit der Ahnungslosen‹ (1989), ›Zeit im Garten‹ (1991).

Vorbemerkung

Wir hegen den Garten und der Garten hegt uns – aber was von weitem aussieht wie eine Idylle, ist in Wahrheit der verzweifelte Versuch, ein winziges Stück Erde aus dem großen Krieg gegen die Natur herauszuhalten. Nicht die Flucht ins kleine Glück also, sondern: Widersetzlichkeit, Partisanentum.

Tag für Tag mahnt uns der Garten mit Düften, Farben und Gestalten daran, daß die Erde mit immer noch zunehmender Geschwindigkeit der Habgier, der Machtsucht und der Dummheit zum Opfer fällt, erinnert uns daran, daß wir für Autos, Pestizide und Raketen bezahlen müssen, in bar oder mit Leib und Leben, während das Wachsen im Garten uns geschenkt wird. Da erhebt sich blankes Entsetzen, kalte Wut – und vielleicht können die uns noch retten, wenn schon die offenkundigsten Einsichten, die fundiertesten Erkenntnisse, die stichhaltigsten Mahnungen nicht mehr in die Tat umgesetzt werden können, weil die Gemeinwesen durch Kommerz und Egoismus stranguliert sind.

Nahezu alle Praktiken, die heutzutage als schlau und rentierlich gelten, sind Gegenbilder des gärtnerischen Handelns. Nahezu alle gärtnerischen Prinzipien lassen sich auf die brennenden Probleme der Welt anwenden. Und für nahezu alle Probleme der Welt gibt es Lösungen aus dem Geist des Gärtners. Wer das zum Lachen findet, weiß nichts vom Garten.

Vor einigen Jahren lud Horst Stern mich ein, für seine Zeitschrift ›natur‹ eine monatliche Garten-Kolumne zu schreiben. Die Stücke der ersten beiden Jahresläufe sind in diesem Buch versammelt, hie und da nachgebessert und ergänzt. Horst Stern und Christian Schütze habe ich zu danken für die Ermunterung, meinen Gärtner-Freunden Günter Diamant und Berthold Leendertz für vielfältige Hilfe.

Januar

Im Januar sieht der Bauer lieber einen Wolf als einen Mann ohne Jacke. Oder: »Januar warm, daß Gott erbarm'«: Kalt soll es jetzt sein, damit es ein gutes Jahr wird, und wir Gärtner sitzen hinterm Ofen. Wenn wir einen haben.

Wenn wir wirklich einen haben, dann sollte es auch ein altes Eisenpfännchen geben, das auf dem Ofen steht, immer wieder neu gefüllt mit Kräutern, die wir im Spätsommer getrocknet haben. Die Ofenwärme treibt ihnen die ätherischen Öle aus, das Zimmer füllt sich, je nachdem, mit Duftwolken von Lavendel, von Minzen aller Art oder von Gewürznelken. Die letzteren haben leider nichts mit den Nelken unserer Gärten zu tun, sie stammen vom Gewürznelkenbaum *(Syzygium aromaticum),* und der gedeiht in unseren Breiten nicht.

Sand-Thymian

Aber der Thymian! Auch er kommt ins Räucherpfännchen, wenn uns nach einem strengeren Duft zumute ist oder wenn wir erkältet sind. In den kleinen Blättern (die *vor* dem Trocknen abgestreift werden sollten, denn hinterher lösen sie sich nur schwer von den zähen Ästchen) ist die Sonnenwärme zu würzigen Ölen verwandelt worden. Sonne ist alles, was der Thymian braucht; Feuchtigkeit ist ihm zuwider, ein nährstoffreicher Boden verdirbt sein Aroma, auf kargem, trockenem Boden fühlt er sich wohl.

Es gibt mehrere Arten und Sorten von Thymian, die sich in Duft und Wuchs unterscheiden, in Gärtnereien oft unter falschen Namen geführt werden und wirklich manchmal schwer auseinanderzuhalten sind:

Eine alte Kulturpflanze, also nicht eigentlich einheimisch, ist der aus dem Mittelmeergebiet stammende Echte Thymian *(Thymus vulgaris)*, holzig und aufrecht wachsend, mit lederigen und schmalen, am Rande eingerollten Blättern und besonders intensivem Geruch. Zu den einheimischen Thymian-Arten gehören der Gemeine Thymian *(Thymus pulegioides)*, krautig niederliegend, und der ganz flach wachsende Sand-Thymian *(Thymus serpyllum)*, schließlich der angenehm duftende Zitronen-Thymian *(Thymus x citriodorus)*, ein natürlicher Bastard aus dem Echten und dem Gemeinen Thymian.

Es muß da jeder sehen, daß er aus allen ihm zugänglichen Quellen alle verfügbaren Thymiane zusammenholt und sorgfältig prüft, welche ihm für die Küche und fürs Räucherpfännchen am geeignetsten erscheinen.

Da sitzen wir also am Ofen und hängen Gartenträumen nach, verlaufen uns im Labyrinth des weiträumigen Gartens, den wir nicht haben, und spielen mit dem Gedanken, ob wir unsere hundert oder zweihundert Quadratmeter ersatzweise mehrstöckig nach oben und unten besiedeln können. Batty Langleys 250 Jahre alter Entwurf aus seinen ›New Principles of Gardening‹ erscheint uns abgeschmackt feudal – wir würden das Gelände mit einer Vielzahl ineinander verzahnter Biotope zum Leben erwekken.

Oder würden wir doch zuvor über die Zweckmäßigkeit klarer Grundrisse nachdenken? Dabei könnte uns dämmern, daß der Garten auch dann ein »Biotop« bleibt, wenn er eingeteilt, geordnet und durch Wege erschlossen ist . . .

Weil wir in diesem Jahr aus unserem Vorstadt-Reihenhaus aufs Land ziehen, mußte ich einen neuen Garten anlegen, zunächst auf kleinem Raum, damit ich im Frühjahr all die Pflanzen umsiedeln kann, die in vielen Jahren des Sammelns zusammengekommen sind und nicht so leicht neu zu beschaffen wären. Es wurde eine Art Klostergarten daraus: eine streng geometrische Anlage mit Plattenwegen und mit Pflanzstreifen, die an keiner Stelle breiter sind als ein Meter. Jeder Punkt ist leicht erreichbar, die nötige Pflege kann buchstäblich »im Vorbeigehen« erfolgen, und die strenge Lineatur wird im Laufe eines Jahres durch die Pflanzen selber übersponnen werden, sie wird den Garten nicht beherrschen, aber wohltuend gliedern.

Manches muß im alten Garten zurückbleiben – zum Beispiel der schöne, nun zehnjährige Mistel-Busch –, anderes wurde im neuen Garten schon als Experiment begonnen, zum Beispiel die spättragenden Himbeeren: Sie haben den großen Vorteil, daß sie nicht, wie andere Himbeeren, am vorjährigen Holz tragen, sondern am diesjährigen. Man kann also nach der Ernte im Herbst die abgetragenen Ruten herunterschneiden und braucht sie nicht, sorgsam aufgebunden, durch den Winter zu retten. Damit verringert sich zugleich die Gefahr, daß die Himbeeren von der scheußlichen Rutenkrankheit befallen werden – und was die Früchte angeht, so haben sie uns – im November! – vortrefflich geschmeckt. Fünf Pflanzen reichen für den Anfang, sie vermehren sich von selber und tun dies, da die Himbeere eine Waldpflanze ist, sogar in jenen mehr oder weniger schattigen Gartenteilen, die so oft vernachlässigt werden, weil man meint, hier wüchse doch kaum etwas außer Efeu, Immergrün und Maiglöckchen. Noch ein weiteres Experiment war mit diesen Himbeeren verbunden: In den Gartenbüchern liest man stets, der Boden unter den Himbeeren müsse mit Mulch oder Stroh bedeckt sein. Ich habe stattdessen den Kriech-Günsel *(Ajuga reptans)* zu ihren Füßen angesiedelt, der die gleichen Ansprüche hat: Halbschatten, frischer und nährstoffreicher Boden. Mit seinen Ausläufern bildet er inzwischen eine dichte Decke, von der sich die Himbeeren aber offenbar nicht bedrängt fühlen. Schöner als eine Strohlage ist eine solche Unterpflanzung allemal.

Natürlich könnte man dafür auch Walderdbeeren oder eine andere »immertragende« Erdbeersorte nehmen; das Blattwerk deckt den Boden lückenlos ab, und man erntet dann vom Sommer bis in den Spätherbst in zwei Etagen – in *drei* Etagen gar, wenn man die Erdbeer-Himbeer-Pflanzung im Schatten eines Obstbaumes anlegt: Auch so läßt sich der enge Gartenraum erweitern.

Wer noch keinen Regenmesser hat, sollte zwischen Weihnachten und Silvester einen kaufen und gleich in der Neujahrsnacht aufstellen, denn wichtiger als die Abmessung einzelner Regenfälle ist die Buchführung über die gesamte Niederschlagsmenge des Jahres. Erst wenn wir diese kennen, können wir sagen, daß es zu trocken war oder zu naß oder der Regen zu ungleich über die Monate verteilt.

Die Niederschlagsmenge wird in Millimeter gemessen; das ist die Höhe der Wassersäule, die sich aufbauen würde, wenn der Regen (oder das Schmelzwasser von Hagel und Schnee) nicht abliefe. Um einen Quadratmeter Boden einen Millimeter hoch mit Wasser zu bedecken, braucht man einen Liter, das heißt: die Millimeter-Zahl für den Niederschlag kann auch als »Liter pro Quadratmeter« gelesen werden. Ein Regenguß von 10 Millimeter entspricht demnach einer Gießkanne voll Wasser pro Quadratmeter.

Da in unseren Breiten um die 800 Liter pro Quadratmeter und Jahr vom Himmel kommen, müßte ein Jahres-Niederschlagsmesser ziemlich voluminös sein, selbst wenn man nur das mißt, was etwa auf einem Hundertstel Quadratmeter niedergeht. Also hat man sich auf eine handliche Größe geeinigt, und der Gärtner, der es genau wissen will, muß den Regenmesser von Zeit zu Zeit ausleeren und zuvor die Meßzahl notieren; tut er das regelmäßig, etwa zum Wochenende, dann wird er eine viel genauere Vorstellung von der Höhe und den Schwankungen der himmlischen Wasserlieferungen gewinnen, als wenn er sich nur auf Gefühl und Gedächtnis verließe. Für den Regen gilt dasselbe wie für alles andere im Garten: Nur die Genauigkeit der regelmäßigen Beobachtung öffnet uns wirklich die Augen für das, was da auf unserem Stück Erde vor sich geht. Nur wer die täglichen (und manchmal: die stündlichen) Veränderungen im Garten verfolgt, kann wenigstens einen Teil dessen ausschöpfen, was der Garten ihm zu bieten hat an Erlebnissen und Einblicken.

Hingegen halte ich nicht viel von der Scheingenauigkeit der Bodenanalysen, für die uns ein Dutzend oder mehr »Sets« mit Chemikalien und Indikatorpapieren angedient werden. Die meisten dieser Methoden sind ungenau bis dorthinaus und allenfalls dann für eine grobe Orientierung verwendbar, wenn man eine einigermaßen gleichartige, frisch aufgeschüttete und noch nicht bepflanzte Gartenfläche vor sich hat. Im bebauten Garten bilden sich binnen kurzem durch Kompostdüngung, durch Laubfall, durch unterschiedlichen Nährstoffverbrauch der Pflanzen und durch zahllose andere Umstände kleinräumige Abweichungen in der Bodenzusammensetzung aus, die analytisch gar nicht zu erfassen sind. Und mit einem aus Stichproben gewonnenen Durchschnittswert können wir auch nichts anfangen: Wenn die eine Hälfte des Gartens durch Torfgaben ziemlich sauer, die andere durch verborgene Bauschuttreste mehr alkalisch ist, dann bekommen wir unterm Strich die Auskunft, daß unser Gartenboden neutral ist – was schlechterdings nicht stimmt.

Statt Bodenproben zu nehmen und chemisch zu untersuchen, sollten wir lieber mulchen und kompostieren – dann kommen alle nötigen Stoffe »von selbst« zusammen – und im übrigen sollten wir mit Händen und Augen die Struktur und die Qualität des Bodens erkunden: Ist er zu klebrig-tonig, dann müssen wir ihn durch Sand oder Bimsgrus auflockern und durchlüften; ist er zu sandig, empfiehlt sich außer Kompost eine Zugabe von Steinmehl; zerbröselte Eierschalen im Kompost decken auf die mildeste Weise den Kalkbedarf der allermeisten Pflanzen. Eigentlich bedürfen nur die Moorbeet-Pflanzen (die es sauer haben müssen) und die Gemüsepflanzen (mit ihren unterschiedlichen, jedenfalls aber »gehobenen« Ansprüchen) besonderer Aufmerksamkeit. Auch hier tut der Kompost, dieses vielfältige *compositum,* seine Wunder: Ich kenne einen Gärtner, der seit sechzehn Jahren seine Kartoffeln (und was für Kartoffeln!) auf demselben Gartenstück heranzieht und ihnen nichts anderes gibt als jedes Jahr Kompost; auch gräbt er dieses Kartoffelfeld nicht um, sondern legt nur die (nicht vorgekeimte!) Saatkartoffel unten in ein spatentiefes Loch und bedeckt sie mit einer Schaufel Kompost, den die Keime dann durchwachsen und durchwurzeln. Das ist, bis ins letzte Detail, das genaue Gegenteil von dem, was in den Gartenbüchern steht. Nichts gegen Gartenbücher, aber: Zuwiderhandlungen werden manchmal belohnt.

Wer im Januar aus dem Fenster in den Garten blickt und nichts Blühendes sieht, ist selber schuld daran: Er müßte nur den Echten Jasmin *(Jasminum nudiflorum)* pflanzen, der sich von Dezember bis Februar wieder und wieder mit gelben Blüten bedeckt und der bei mir in einer stockdunklen Nordecke unverzagt gedeiht; er müßte die Zaubernuß (*Hamamelis* in mehreren Arten und Sorten) ansiedeln, die jetzt am winterlich dürren Geäst ihre eigenartigen, wie aus schmalen Papierstreifen zusammengesetzten Blüten aufspreizt; und er müßte, über diese beiden allbekannten Winterblüher hinaus, an die drei anderen zu kommen suchen, die zumindest in milderen Lagen und bei zusagendem Kleinklima mitten im Winter mit duftenden Blüten an den letzten Sommer erinnern oder die Vorfreude aufs Frühjahr wecken:

Erstens: die Schleimbeere *(Sarcococca humilis)*, ein immergrüner niedriger Strauch mit lederigen Blättern und weißlichen Blüten, die nach Honig duften und sich, wie die Blüten der Zaubernuß, bei Schnee und strengem Frost einrollen. Die Schleimbeere braucht Schatten, vermehrt sich selbst durch Ausläufer und blüht oft noch, wenn schon die ersten Bienen auf Nahrungssuche gehen und für jedes Angebot dankbar sind. Gern besuchen sie die Blüten der Schleimbeere – ein hübsches Beispiel dafür, daß die derzeit verpönten Exoten so unnütz gar nicht sind: Den Bienen ist es völlig gleichgültig, daß die Schleimbeere erst vor fünfundsiebzig Jahren aus China zu uns gekommen ist.

Zweitens: die Winterblüte *(Chimonanthus praecox)*, auch aus China, auch eindringlich süß duftend. Die Winterblüte braucht etwas Sonne, am besten eine warme Mauer, und es dauert ein paar Jahre, bis zum ersten Mal die außen gelben, innen rötlichen Blüten am alten Holz erscheinen.

Drittens: die Schneeball-Arten (*Viburnum farreri*, der früher *V. fragrans* hieß, und *Viburnum x bodnantense*), ebenfalls Chinesen und von den drei genannten Winterblühern die härtesten und größten. Die rosafarbenen, später weiß werdenden Blüten duften nach Mandeln und erscheinen manchmal schon im Spätherbst, halten aber über Wochen und Monate aus. Die lateinischen Namen zu beachten ist hier besonders wichtig, denn es gibt noch eine ganze Reihe anderer *Viburnum*-Arten, die aber nicht im Winter blühen.

Die Winterblüte und der Schneeball eignen sich auch zur Pflanzung innerhalb von Hecken. Sie mögen dann einen kleinen Trost dafür bieten, daß die oft empfohlenen Hecken aus heimischen Blütengehölzen im Winter größtenteils ein wenig karg und spirrig wirken; das hat seinen eigenen Reiz – nur erfüllen diese Hecken dann nicht den Zweck, der bei unseren kleinen Grundstücken der wichtigste ist: uns vor dem Anblick der Straße zu schützen.

Im Januar sind auch die Gartenwege mit guten Vorsätzen gepflastert, und links und rechts davon gedeihen die großen Pläne. Was die letzteren angeht, so verleiten die jetzt eintreffenden Gartenkataloge zu verwegenen Entschlüssen. Die Bilder sind verlokkend (und meistens retuschiert), die Lobeshymnen auf Blütenpracht und Erntesegen schier unwiderstehlich – ich versuche gar nicht erst, zur Mäßigung zu raten. Um so nachdrücklicher möchte ich aber daran erinnern, daß es außer den Großversandgärtnereien mit einem nahezu gleichbleibenden Schrumpfsortiment noch viele gute Staudengärtnereien, Baumschulen und Samenhandlungen gibt, die uns – Postkarte genügt – die ausgefallensten Pflanzenwünsche erfüllen können. Mit »ausgefallen« meine ich hier nun nicht die Exoten, sondern zum Beispiel die Türkenbundlilie, das Alpen-Rispengras, das Schwarze Bilsenkraut, Mispeln und Schlehen, Wassernuß und Tannenwedel. Die ganze Botanik steht uns zu Gebote, und wer einmal begonnen hat, etwas von dieser Vielfalt in den eigenen Garten zu holen, der wird kein Ende finden der Überraschungen und Entdeckungen. Und er wird wohl auch gegenüber dem Frevel, der sich »draußen« vollzieht, nicht etwa gleichgültiger sein, sondern eher noch empfindlicher, weil er noch deutlicher, Stück für Stück, dasjenige vor Augen hat, was da draußen zerstört wird; er sieht den Garten nicht so sehr als ein idyllisches Reservat, dem die Welt nichts anhaben kann, sondern mehr noch als eine Versammlung stummer Kläger, die ihn an die Pflicht zur Auflehnung mahnen.

Was die guten Vorsätze angeht, so hätte ich einen Vorschlag: Man kaufe, heute noch, zwei Kladden und beginne, heute noch, eine doppelte Buchführung:

Kladde eins ist ein Gartentagebuch. Natürlich muß man nicht täglich etwas hineinschreiben, aber es sollte doch die wichtigsten Beobachtungen und Tätigkeiten im Garten enthalten. Zu wissen, was man wann getan hat, kann im nächsten Jahr sehr nützlich sein; und für die Beobachtungen gilt die alte Biologielehrer-Weisheit »Man sieht nur, was man gezeichnet hat« mit der Ergänzung »Man behält nur, was man aufgeschrieben hat«. Selbst wenn man das Gartentagebuch nur lückenhaft führt, wird man erstaunt sein, wie sich plötzlich, über die Monate hin, Zusammenhänge auftun, Ursachen und Wirkungen offenbar werden,

Erinnerungen sich festigen und wie sich all diese Einzelheiten mehr und mehr verbinden zu einem Bild vom Leben im Garten und zu einem Bewußtsein vom Leben mit dem Garten. Übrigens sollte man sich niemals scheuen, auch die Fehler und Mißerfolge zu notieren – um so eher läßt sich ihre Wiederholung vermeiden.

Kladde zwei ist ein Merkheft für unsere Wünsche und Absichten. Wie oft nehmen wir uns etwas vor – und dutzendweise fallen die schönen Pläne dem Vergessen anheim: im August Rosenstecklinge zu machen, im nächsten Frühjahr den Neuseeländischen Spinat auszuprobieren, fürs Sumpfbeet den Pillenfarn zu bestellen, oder nachzuprüfen, ob es wirklich zutrifft, daß die jungen Triebspitzen des Götterbaumes *(Ailanthus altissima)* ein gutes Gemüse abgeben. Das Merkbuch erinnert uns an solche Vorhaben, und dazu kommen Ideenskizzen für künftige Gartenpläne, Lieferantenadressen, Buchtitel, Ratschläge, die wir ausprobieren wollen – und so weiter.

In Kladde zwei kann ich heute eine Eintragung streichen: Ich habe mir das Buch von Hellmut Baumann über ›Die griechische Pflanzenwelt in Mythos, Kunst und Literatur‹ kommen lassen, und ich finde es so außergewöhnlich, daß ich es mit allem Nachdruck empfehlen möchte – keineswegs nur denen, die in diesem Jahr nach Griechenland fahren wollen. Das Buch kommt eher bescheiden daher, handlich und schmal, protzt nicht mit großen Farbtafeln, enthält aber 500 meist farbige Abbildungen und damit ungewöhnlich reichhaltiges Anschauungsmaterial; dazu einen Text, der ohne geschwätziges Beiwerk über die Rolle der Pflanzen in der griechischen Kultur unterrichtet. Für den botanisch Interessierten ist das Buch fast eine »Flora Griechenlands«, in der er übrigens auf viele mittelmeerische Verwandte unserer einheimischen Pflanzen trifft, auch auf manche Art, die inzwischen als Zierpflanze oder Heilpflanze den Weg zu uns gefunden hat. Der Kunstfreund wird überrascht sein, wie viele abstrakt erscheinende Ornamente und Motive der griechischen Plastik und Malerei eindeutig einer bestimmten Pflanze zugeordnet werden können. Und jedem Nachdenklichen wird zum Bewußtsein kommen, wie eng die Pflanzen, jede auf ihre Weise, mit dem Leben der Menschen zusammenhängen – mit Kult und Nahrung, mit Kunst und Medizin, mit Aberglauben, Liebeszauber und Geschichte. Das heißt: Mit jeder Pflanze, die unserer Unmäßigkeit und Brutalität zum Opfer fällt, verschwindet nicht nur ein Stück Natur, sondern auch ein Stück Kultur, eine Verknüpfung zwischen unserer Gegenwart und unserer Herkunft.

Wer sich mit Wildpflanzen beschäftigt – oder diesen Vorsatz fürs neue Jahr gefaßt hat –, muß spätestens jetzt die Samenkataloge bestellen. Ungezählte Heil-, Gewürz- und Wildpflanzen gibt es als preiswerte Samenportionen: Fast vergessene, immer seltener werdende Wildpflanzen wie den Erdfenchel *(Bunium bulbocastanum)*, in ihrer Existenz bedrohte wie das Gottesgnadenkraut *(Gratiola officinalis)* und die hübsche kleine Phönizische Königskerze *(Verbascum phoeniceum)*, deren Blütenknospen aussehen wie winzige, säuberlich-eckig gefaltete violette Briefcouverts. Bemerkenswert auch jene Pflanzen, die einst als Würzkräuter oder Gemüse kultiviert wurden, gelegentlich verwilderten und heute in den Gärten überhaupt nicht mehr und in der Natur nur manchmal noch anzutreffen sind. Dazu gehört die hocharomatische, nach einer Mischung aus Lakritz und Estragon duftende Süßdolde *(Myrrhis odorata)*, die leicht aus dem Samen zu ziehen ist, die absonderlich gewachsene Claytonie *(Claytonia perfoliata)*, der man fast nur noch als Unkraut in Baumschulen begegnet, und das Barbarakraut *(Barbarea sp.)*, von dem es unzählige Bastarde aus wilden und kultivierten Arten und Rassen gibt; im Samenhandel findet man es gelegentlich als »Winterkresse«. Claytonie und Barbarakraut möchte ich ganz besonders empfehlen. Sie kommen selbst in neuzeitlichen, dem biologischen Gärtnern gewidmeten Gartenbüchern fast nie vor, obwohl sie beide den schätzenswerten Vorteil haben, daß man sie zur Winterzeit ernten kann. Die Claytonie ist ein Portulakgewächs und wird deshalb auch Winterportulak genannt. Sie wird im September ausgesät und wächst immer wieder nach, wenn man sie jetzt für Salate oder als frischen Brotbelag erntet. Ihre Blättchen sind saftig und würzig, leider ziemlich klein, was die Ernte etwas mühsam macht.

Das Barbarakraut, eng verwandt mit der Kresse und wie diese verwendbar, ist zweijährig: Man sät es im Juni aus, erntet jetzt von den kräftigen, ebenfalls nachwachsenden Rosetten und läßt es im nächsten Frühjahr blühen: es sät sich dann, wenn man seinen Standplatz von Konkurrenz freihält, selbst wieder aus. Das Barbarakraut braucht Sonne und ist für gleichmäßige Feuch-

Claytonie

tigkeit sehr dankbar. Der Winterportulak hat übrigens eine enge Verwandte, *Claytonia sibirica,* die über keinen deutschen Namen, aber über gute Eigenschaften verfügt. Ihre Blätter sind, ähnlich wie die des Winterportulaks, fleischig und eßbar; sie sehen aus wie kleine Löffel und stehen in einer aufgerichteten Rosette zusammen, sind also bündelweise zu ernten, als Beigabe zum Salat oder als Brotbelag.

Im Frühjahr blüht *Claytonia sibirica* über und über mit zahllosen weißen Blütchen, die an langen glasigen Stengeln zu losen Trauben vereinigt sind. Später treibt sie oberirdische Ausläufer, an deren Ende sich sogleich ein neues Löffel-Bündel bildet. Bei nicht zu trockenem Stand überzieht sich der Boden selbst im tiefsten Schatten und unter dichten Sträuchern binnen kurzem mit so vielen neuen Rosetten, daß man fortwährend ernten kann. Den Ausdruck »Bodendecker« finde ich abscheulich, weil damit die Pflanze zum Einrichtungsgegenstand degradiert wird – aber *Claytonia sibirica* ist tatsächlich ein anspruchsloser »Bodendekker« und duldet gern die Unterpflanzung mit Blumenzwiebeln aller Art. Von Asseln, Schnecken und Blattläusen wird sie nicht angerührt, so daß man die geernteten Rosetten samt den langen

Blattstielen so verwenden kann, wie man sie aus dem Garten holt.

Barbarakraut und Claytonien, Schneeball und Schleimbeere, Winterblüte und Zaubernuß – der Januar im Garten kann kräftig schmecken und sommerlich duften, und wer sich das entgehen läßt, sollte jedenfalls nicht klagen, der Januar wäre kein richtiger Garten-Monat.

Februar

Im Februar entzündet sich ein schwefelgelbes Feuer: die Blütenstände von *Mahonia bealii* und *Mahonia japonica,* zwei Verwandten unserer »üblichen« Mahonie *(M. aquifolium).* Die beiden Fremdlinge haben größere und schönere Blätter, unpaarig gefiedert und dornig gezähnt. Bei *M. japonica* sind die Fiederblätter weich und stehen etwas entfernt voneinander, so daß der Strauch einen lichteren Eindruck macht als *M. bealii,* deren Fiederblätter lederig-fest sind und einander wie die Schuppen eines Lindwurms überlappen. Beide Mahonienarten sind immergrün, ihre Blütenstände lange, quirlig stehende Ähren, die sich allmählich nach unten neigen und dann dem Blattwerk aufliegen.

In milden Gegenden und milden Wintern kommt es oft vor, daß sich Wildbienen einfinden und den Bestäubungsmechanismus in Gang setzen, den man auch mit einem spitzen Bleistift auslösen kann: Die Staubfäden liegen den Kronblättern an; bei der leisesten Berührung schnellen sie hoch und biegen sich nach innen, um das Insekt mit Pollen zu bepudern. Die Mahonienblüte duftet zart nach Honig und erfüllt mit diesem Duft das Zimmer, wenn man, kurz vor dem Aufblühen, einen Blütenstand nach drinnen geholt hat. Bei uns ist das seit vielen Jahren das Ritual, mit dem wir dem Winter anzeigen, daß seine Zeit bald abgelaufen ist.

Eine besondere Schönheit der Mahonie kommt erst beim Schneiden eines Zweiges zum Vorschein: Ihr Holz ist gelb, und zwar von einem eigenartig phosphoreszierenden Gelb, wie man es ähnlich von den Pflanzen kennt, die gelben Milchsaft führen, vom Schöllkraut zum Beispiel. Bei solchen Gelegenheiten wird einem bewußt, daß das, was man beim Gang durch den Garten sieht, nur eine Oberfläche ist; darunter sind Farben und Strukturen verborgen, die man erst aufspüren muß.

Die beiden Mahonien, von denen hier die Rede ist, stammen aus China. Sie wurden zwar schon vor weit über hundert Jahren in westliche Gärten geholt, aber sie gehören gewiß nicht in den »Naturgarten«, in dem vieles – und vor allem das Ausländische – verboten ist. Ich habe aber in dem beherzigenswerten Buch von

Michael Lohmann ›Öko-Gärten als Lebensraum‹ den schönen Ausdruck »naturfreundlicher Garten« gefunden, und dies wäre wahrhaftig ein Stichwort, mit dem sich Weltanschauungskämpfe über Erlaubtes und Unerlaubtes entschärfen ließen.

»Naturfreundlich« könnte heißen, daß man selbstverständlich jede mögliche Einsicht in ökologische Zusammenhänge berücksichtigt, aber doch nicht im Sinne irgendeiner Rekonstruktion, sondern »nur« im Sinne einfühlsamer, eben »naturfreundlicher« Zuwendung. Im naturfreundlichen Garten könnte manches ohne Skrupel gehegt werden, was darin keinen Platz hat, wenn der Garten wirklich ein verkleinertes Spiegelbild der ortsansässigen Flora vorzeigen soll. Da brauchte nichts »aus Prinzip« ausgesperrt zu bleiben, und niemand brauchte, ehe er die Kornrade aussät, in der Fachliteratur nachzuforschen, ob die Kornrade denn auch wirklich einheimisch sei.

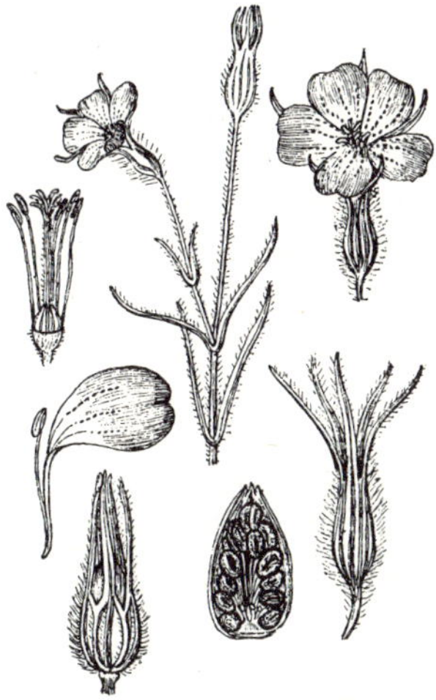

Kornrade

Sie ist es nicht. Sie ist vielmehr als Getreideunkraut aus Westasien zu uns gekommen, also keineswegs von selber, auf »natürliche« Weise, sondern durch die Tätigkeit des Menschen. Nur die Tatsache, daß dies vor sehr langer Zeit geschah, bewahrt die Kornrade davor, als eine eingeschleppte Exotin gebrandmarkt zu werden. Sie steht sogar in der ›Roten Liste‹ der gefährdeten

Pflanzen – freilich könnte sie in der freien Natur niemals überleben, sie braucht das regelmäßig kultivierte Ackerland, ist also eigentlich eine von menschlicher Kulturtätigkeit abhängige Pflanze wie jede Gartenstaude auch, nur mit dem kleinen Unterschied, daß sie nicht mit Absicht, sondern unfreiwillig mitkultiviert wurde, als man noch keine Möglichkeit hatte, das Saatgut mechanisch oder chemisch zu reinigen. Damals gerieten die Samen der Kornrade, die fast so groß sind wie Getreidekörner, oft mit ins Mehl und verursachten schwere Vergiftungen und (auf dem Umweg über Nebennieren-Schädigungen) auch eine erhöhte Anfällligkeit für die entsetzliche Lepra. Das sollte man wissen, ehe man das Verschwinden der Kornrade aus den Getreidefeldern beklagt.

Ganz abhanden kommen wird die Kornrade *(Agrostemma githago)* einstweilen nicht, denn sie hat viele Freunde. Es gibt eine geheime Kornraden-Bruderschaft, die sich ständig vergrößert und deren Mitglieder alljährlich Samen verschicken, damit die Pflanze wenigstens in Gärten erhalten bleibe. Die Kornrade ist einjährig-überwinternd, man muß sie also Jahr für Jahr neu aussäen, am besten gleich nach der Samenernte, damit sie noch im Herbst die kräftige Blattrosette ausbilden kann, mit der sie über den Winter geht. Wer sie erst jetzt im Frühjahr aussät, sollte das so früh wie möglich tun, sonst bekommt er nur schwache Pflanzen und eine kleine Notblüte.

Wer den Neuseeländer Spinat noch nicht kennt, sollte ihn in diesem Jahr ausprobieren, und wer ihn kennt, der weiß, daß seine Samen sechs bis acht Wochen zum Keimen brauchen und daher schon jetzt im Februar, nach gründlichem Vorweichen in warmem Wasser, ausgesät werden können – und zwar drinnen auf der Fensterbank in Töpfen, deren Erde sehr sorgfältig feucht gehalten werden muß. Im Mai kann man den Neuseeländer Spinat ins Freie pflanzen (jede Pflanze braucht etwa einen Quadratmeter Raum) und im Juli mit der Ernte beginnen: Mit unglaublicher Geschwindigkeit wachsen dann seine Ranken nach allen Seiten und liefern den ganzen Sommer über ein sehr herzhaft schmeckendes Spinatgemüse, das man nicht, wie weithin üblich, zerkochen und dann noch durch den Küchenwolf drehen, sondern als mild gedünstetes Blattgemüse mit Butter, Muskat und einer Spur Knoblauch zubereiten sollte.

Die fleischigen Blätter des Neuseeländer Spinats *(Tetragonia expansa)* sind übrigens eine Familieneigenschaft: Er gehört zur Familie der Mittagsblumengewächse *(Mesembrianthemaceae);* mehrere andere Arten aus dieser Familie werden als Zier- und Zimmerpflanzen gezogen, und auch die seltsamen, nur aus zwei kleinen dicken Blättern bestehenden »Lebenden Steine« *(Lithops)* gehören in die engere Verwandtschaft des Neuseeländer Spinats: eine bunte Sippschaft, aber geeint durch den Hang zum Sukkulenten.

Von seiner Islandreise brachte mir Berthold Leendertz ein Foto mit, das eine Art »Ur-Garten« zeigt: wenige Quadratmeter bepflanzter Fläche innerhalb eines Ringwalles aus erstarrter Lava. Der Ringwall bietet etwas Windschutz und läßt ein Kleinklima entstehen, das allerdings nur wenig milder als das unwirtliche Klima des Landes ist.

Der Krater ist noch kleiner als der Garten eines Reihenhauses bei uns; dafür gibt es aber Hunderte davon auf dem riesigen Lavafeld bei Myvatn, wo diese Aufnahme gemacht wurde. Die Krater sind durch Gaseruptionen entstanden; an ihrem Grund hat sich fruchtbare Lavaerde gesammelt, genug, um etwas Gemüse und Beerenobst heranzuziehen, das freilich erst spät im Jahr geerntet werden kann. So ähnlich mögen, vor Zeiten, die allerersten Gärten ausgesehen haben: Ein winziger, von Steinen, Flechtzäunen oder Hecken eingefriedeter Bereich für ein paar Nahrungspflanzen, abgegrenzt gegen die ungezähmte Natur. Hier baut einer seinen Kohl und freut sich, wenn es ihm gelingt, in seiner kleinen Kuhle etwas völlig anderes zustande zu bringen als das, was die Natur rundum zuläßt. Diese Natur ihrerseits versucht sogleich, sich den Garten zurückzuerobern: Sie hat den Hahnenfuß vorgeschickt und ein paar Gräser. Wehe dem Kratergärtner, wenn er nicht auf der Hut ist.

Ein Ur-Garten also, bei dem das Prinzip der schützenden Ausgrenzung besonders augenfällig wird und geradezu als Einladung empfunden werden kann: Man hätte schon Lust, sich an den Lavawall zu hocken und den Kohlköpfen beim Wachsen zuzusehen.

Sehr bald kam beim urtümlichen Garten zum Prinzip des Schutzes das Element des Paradiesischen: Die kleinen Gärten waren gleichnishafte Orte himmlischer Friedfertigkeit oder irdischer Liebe, Stätten der Kontemplation, und die Klostergärten mit ihren Arzneipflanzen waren Bezirke, von denen Heilung ausging.

Solche Bestimmungen und Kräfte des Gartens zu erhalten, erscheint mir wichtiger als die Frage, ob eine Pflanze schon vor vierhundert Jahren eingeführt wurde und deshalb als einheimischer »Archäophyt« in den Genuß der Bürgerrechte kommen darf, oder ob sie erst in jüngerer Zeit zu uns gekommen ist und folglich als ein Fremdling zu gelten hat, der die Reinheit der nationalen Flora gefährdet.

Den Beghinenhof im holländischen Breda kann man leicht verfehlen: Nur durch einen unscheinbaren Torweg gelangt man in das von vielen niedrigen und schmalen Häusern fest umschlossene Geviert. Bis vor ein paar Jahren wohnten hier Beghinen, fromme Frauen, in einer klosterähnlichen Gemeinschaft, hielten Andacht in der kleinen Kirche und widmeten sich der Fürsorge für Alte und Kranke. Jetzt hat man die Häuschen renoviert, eine Art Altenwohnheim aus dem Beghinenhof gemacht – und einen neuen Gärtner eingestellt, Mijnheer Sprangers, der den alten Würz- und Heilgarten weiterpflegt.

Der Garten besteht aus lauter rechteckigen Gärtchen, jedes von einer niedrigen Hecke aus Taxus umgeben, jedes durch schmale Ziegelwege aufgeteilt, und darin ist alles zu finden, was die Beghinen brauchten, um ihre Suppe zu würzen und um ihren Kranken zu helfen. Es sind an die dreihundert Arten, ein kleiner botanischer Garten auf engstem Raum, tadellos beschildert: Bilsenkraut und Fingerhut, Rosmarin und Salbei, Kerbel und Buchweizen, Arnika und Tollkirsche.

In der Mitte des Beghinengartens die alte Bleichwiese, die Urform unseres Rasens, der ja keineswegs eine Erfindung von Ziergartenkünstlern ist: Zum Bleichen der Wäsche mußte die Wiese kahlgeschoren und frei von »Blumen« sein.

Der Beghinengarten von Breda ist ein Nachbild des mittelalterlichen Klostergartens, der den Bedarf des Klosters an Heil- und Würzpflanzen deckte und damit zugleich zum ersten Sammelort für viele Pflanzen aus fremden Ländern wurde: Beginn einer reichen Überlieferung, die dann weitergetragen wurde in die fürstlichen und bürgerlichen und bäuerlichen Gärten.

Dieter Mollenhauer schickte mir das Pflanzenverzeichnis des

vortrefflich rekonstruierten Kräutergartens des dänischen Klosters Øm bei Århus. Was spräche dagegen, die Pflanzen eines solchen Klostergartens, gewissermaßen als dokumentarische Wiederholung, als historisches Zitat, im »Vorgarten« anzusiedeln? Millionen Vorgärten bieten nichts anderes als Stiefmütterchen, lachsrote Polyantharosen und andere Industrieprodukte. Nicht auszudenken, wie viel duftende und heilende Stoffe auf diesen Flächen aus dem Nichts erzeugt werden könnten, wie viel von der botanischen und medizinischen Tradition hier wenigstens andeutungsweise festgehalten werden könnte – nicht aus luxuriöser Nostalgie oder resignierender Pietät, sondern als freudige Wiederentdeckung alter Schätze, die ganz zu verlieren wir uns gar nicht leisten können und die zu vervielfältigen und weiterzureichen eine Form zeitgemäßen Partisanentums ist.

Vierzig Quadratmeter Vorgarten reichen aus, um fast alle Pflanzenarten des Klostergartens von Øm zu versammeln. Hier ist die Liste: Alant, Andorn, Baldrian, Beinwell, Bilsenkraut, Bohnenkraut, Eberraute, Eisenhut, Eisenkraut, Estragon, Fieberklee, Fingerhut, Gagelstrauch, Gemswurz, Glaskraut, Haselwurz, Hauswurz, Heilziest, Herzgespann, Hopfen, Hundszunge, Immergrün, Johanniskraut, Kamille, Karde, Katzenminze, Knoblauch, Schlangen-Knöterich, Frühlings-Knotenblume, Kö-

Schöllkraut

nigskerze, Lavendel, Liebstöckel, Madonnenlilie, Marienblatt, Malve, Meisterwurz, Melisse, Minze, Mutterkraut, Narzisse, Bart-Nelke, Ochsenzunge, Pestwurz, Pfingstrose, Rainfarn, Salbei, Schafgarbe, Schierling, Schöllkraut, Schwalbenwurz, Schwarznessel, Seifenkraut, Sterndolde, Thymian, Tollkirsche, Färber-Waid, Spitz-Wegerich, Wegwarte, Weinraute, Wermut, Großer Wiesenknopf, Zypressen-Wolfsmilch, Ysop, Zaunrübe. Das ist eine ehrwürdige Liste, hinter vielen Namen steht altes Wissen von den Heilwirkungen der Pflanzen. Im alten Botanischen Garten von Amsterdam sind diese (und andere) Heilpflanzen in einem großen Halbrund angeordnet: Hier wurden früher die angehenden Ärzte auf ihre Kenntnisse im Kurieren mit Pflanzen geprüft. Zweihundert Jahre später, um 1900, arbeitete Hugo de Vries in diesem Garten und entdeckte an den Nachtkerzen das Phänomen der Mutationen. Noch einmal acht Jahrzehnte später, heutzutage, erwägt die Amsterdamer Stadtverwaltung ernstlich, den Garten zu schließen, um die Gehälter der Gärtner einzusparen ... Trotzig und beharrlich sollten wir in unseren Gärten aufbewahren, was die Ärzte längst nicht mehr brauchen und was draußen gefährdet ist. Es kann nicht ganz folgenlos bleiben, wenn wir die Pflanzen zu uns nehmen, die mit unserem Denken, unserem Wissen und unserer Geschichte verknüpft sind.

Wenn es nicht friert, können wir jetzt Hecken scheren, Sträucher auslichten und Obstbäume beschneiden. Je kleiner der Garten, um so mehr setzen uns die dabei anfallenden sperrigen Reisighaufen in Verlegenheit. Einst war das umgekehrt: Man stutzte die Bäume, um Reisig und Äste zu gewinnen. Damit wurden die Backöfen geheizt, Besen gebunden, Flechtzäune errichtet; aus geraden Ästen machte man Latten und Gerätestiele, und die Zweige der Weiden wurden zum Korbflechten verwendet.

Vor meinem Fenster in der Wiese steht eine solche immer wieder beschnittene »Kopfweide«, aus mehreren Stämmen aufgebaut und bizarr verformt – wir nennen sie »die Kutsche«. Die Bauern haben heute freilich keine Zeit und keinen Anlaß mehr, ihre Kopfweiden weiterzupflegen: Die Backhäuser sind abgerissen, Besenstiele gibt es im Supermarkt und Flechtzäune sind außer Gebrauch gekommen. Damit die Bäume nicht unter der Last ihrer immer breiter werdenden Kronen zusammenbrechen, bemühen sich seit Jahren Naturschutzgruppen darum, die Kopfweiden zu erhalten – denn die Stamm-»Köpfe« mit ihren Höhlungen bieten den Vögeln Schutz und Nistgelegenheit, besonders dem Steinkauz.

Viele Baumarten wurden früher auf solche Weise genutzt: Von der Weißen Maulbeere *(Morus alba),* gewann man das Futter für die Seidenraupen, von der Birke Besenreisig; die Zweige der Eiche lieferten Rinde für die Gerberei, und die jungen Triebe von Esche und Buche erntete man als Winterfutter fürs Vieh. Wir haben im Garten eine Weide gepflanzt, von der wir die Stecken für das Stockbrotbacken schneiden: Da wird Hefeteig um den Stock gewickelt und über der Glut zu spiraligen Brötchen gebacken. In diesem Jahr wollen wir auch versuchen, die Haselsträucher zu »Kopfbäumen« zu erziehen, weil die Hasel am einjährigen Holz trägt und das Herausschneiden der abgetragenen Zweige viel einfacher ist, wenn man eine kleine Krone vor sich hat und nicht einen dichten Busch.

Von solchen Kopfbäumen ist es nicht weit zu den Topfbäumen: Auch sie sind auf ihre Weise »vergewaltigte« Bäume, einem Zweck dienstbar gemacht. Die Topfbäume, die eine lange Geschichte haben, waren oft Obstbäume (der Apfel eignet sich am besten dazu) und sollten vor allem schmücken, sie ließen sich gut als mobile Dekoration verwenden. In unserer Zeit der kleinen Gärten, der Balkons und Terrassen, sind sie aber über den Zierat hinaus ein Ersatz für die Obstwiese hinter dem Haus. In der österreichischen Gärtnerzeitschrift ›Illustrirte Flora‹ vom 15. Oktober 1884 lese ich:

»Wie Viele gibt es, die seit ihrer Jugendzeit nicht mehr mit der Natur in innige Berührung kamen, die jetzt als Beamte in einem steinernen Häusermeere ihr Leben zubringen müssen. Diesen Allen empfehle ich ein Topfobstbäumchen ...«

Fast auf den Tag genau hundert Jahre später ist ein Büchlein erschienen, in dem ein alter und erfahrener Obstgärtner, Walter Brettschneider, den neuen Freunden der Topfobstkultur genau erklärt, welche Details man bei der Wahl, der Pflanzung und der Pflege zu beachten hat – und auf die Details kommt es hier an. Zum Beispiel ist es wichtig, daß man nicht einfach einen kleinen Baum in einen Blumentopf setzt, sondern vorher die Hauptwurzel bis auf einen geringen Rest wegschneidet; erst dadurch entwickelt sich ein hinreichend dichtes Faserwurzelwerk, mit dem das Bäumchen gedeihen und Früchte bringen kann. Besonders wichtig sind natürlich auch die Anleitungen für den Winterschnitt und für das Entspitzen im Sommer – Voraussetzungen für regelmäßigen Ertrag. Niemand sollte mit der Topfobstbaumkultur beginnen, ohne zuvor Walter Brettschneiders Buch ›Obstbäume in Töpfen‹ zu Rate gezogen zu haben.

Gartenbesitzer mögen über so etwas die Nase rümpfen und die Zwergbäume als Spielerei abtun, aber wer keinen Garten hat, wird dankbar die Möglichkeit nutzen, den Lauf der Jahreszeiten wenigstens andeutungsweise vor dem Zimmerfenster erleben und ein paar selbstgezogene Früchte ernten zu können. Jetzt wäre genau die richtige Zeit, um in einer Baumschule einen zweijährigen Baum zu kaufen und ihn einzutopfen, je früher, um so besser. Doch sollte man beim Kauf dazu sagen, daß es ein Topfbaum werden soll: Nur Veredlungen auf schwachwachsenden Unterlagen sind dafür geeignet. Und was die Obstart angeht, so wäre für den Anfang, zum Üben, am ehesten ein Apfelbaum zu empfehlen.

März

Fahl grüngelb blüht jetzt der Haselstrauch *(Corylus avellana),* eines jener alten Feldgehölze, die zu Unrecht vernachlässigt werden. Die Hasel eignet sich, auch in kleineren Gärten, gut als Heckenstrauch, weil sie am einjährigen Holz blüht und fruchtet; es schadet also gar nichts, sondern sichert einen reichlichen Ertrag (bis zu zehn Pfund pro Strauch), wenn man sie regelmäßig schneidet. Frische Nüsse aus dem Garten, für meinen Geschmack kurz vor der vollen Reife geerntet, sind etwas Köstliches, und die Blüte im März bildet einen wohltuenden Kontrast zu den Ostereierfarben der Krokusse.

Ich will damit nichts gegen die Krokusse sagen, doch ist mir die vielgerühmte Farbenpracht des Vorfrühlinggartens immer ein wenig zu grell, vor allem dann, wenn die immergleichen Arten und Sorten in »Tuffs« gepflanzt werden, wie es die Gartenbücher empfehlen. Die Empfehlung hat eigentlich einen guten Grund: Nichts ist lächerlicher als die oft zu sehenden Gänsemarschkolonnen aus Krokus, Iris oder Hyazinthen mit viel zu großen Abständen. Aber die »Tuffs« sind meistens auch nicht viel besser – rundliche Inselchen, gleichmäßig über den Garten verteilt wie ein Stickmuster auf einer Kaffeedecke.

Ich würde dazu raten, für diese Pflanzen Stellen auszusuchen, die ab Mai im Schatten der sich belaubenden Gehölze liegen oder von höheren Stauden verdeckt werden; dort wären die Zwiebelpflanzen eher flächig anzusiedeln, in breiten Säumen oder quadratmetergroßen Teppichen. Wenn die Teppiche verblüht sind, verschwinden sie hinter dem Blattwerk der Sträucher und Stauden, bis dahin aber leuchten sie aus dem Hintergrund und geben dem Garten mehr Farbenklang als alle bunte Kleckserei es vermöchte.

Zurück zum Haselstrauch. Die langen, locker baumelnden Kätzchen sind die männlichen Blüten. Der Wind schüttelt aus ihnen den Pollen heraus, doch meist so wenig, daß man es nicht sieht; wenn man aber den ganzen Strauch kräftig rüttelt, steht man in einer Wolke von Blütenstaub, die eine Ahnung vermittelt von den ungeheuren Staubmengen, die vom Wind verfrachtet werden, um die Befruchtung zu besorgen. Wenn man Haselsträucher kauft und sich für eine der großfrüchtigen Zuchtsorten entscheidet, muß man beachten, daß diese Sorten fast oder ganz selbststeril sind, also den Pollen einer anderen Sorte oder den der Wildhasel brauchen, um Früchte zu tragen.

Die Methode, einen blühenden Wildhaselzweig in eine Flasche mit Wasser zu stecken und diese in die Sträucher zu hängen, bedeutet, daß man erst einmal irgendwoher die Wildhaselzweige beschaffen muß. Da scheint es mir einfacher, von vornherein einen Wildhaselstrauch neben die selbststerilen Zuchtsorten zu pflanzen, jedoch unter Beachtung der vorherrschenden Windrichtung: Der Wind soll den Pollen der Wildpflanze nicht von den anderen Sträuchern wegtreiben, sondern auf sie zu.

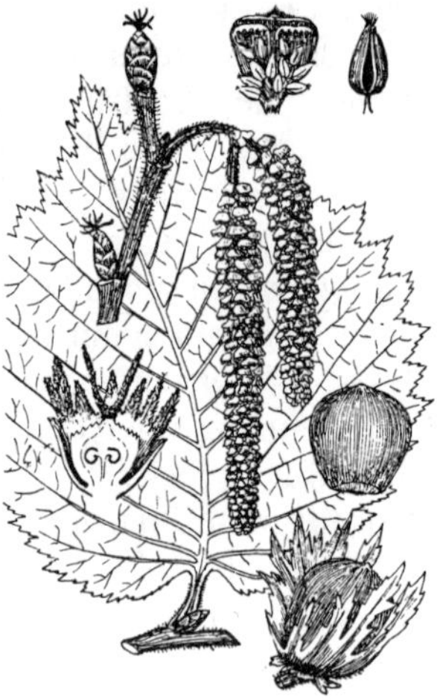

Hasel

Während die männlichen Kätzchen sich strecken und lockern und ihren Pollen abgeben, sind die weiblichen Blüten noch fast unsichtbar; sie sind von Knospenschuppen eingehüllt, aus denen nur die pinkroten Narben als kleine Fadenbüschel herausragen. Man muß eine Lupe zu Hilfe nehmen, um diese Farbenschönheit richtig wahrzunehmen.

Es gibt immer noch Gärtner, die keine Lupe haben oder sie nicht benutzen. Wenn Sie dazu gehören, gehen Sie schleunigst zum Optiker und verlangen eine Uhrmacherlupe (am besten gleich zwei, eine schwache und eine starke). Sie kostet nur ein paar Mark und hat den großen Vorteil, daß man sie wie ein Monokel ins Auge klemmen kann und dadurch beide Hände frei hat. Die Lupe eröffnet dem, der sie benutzt, eine neue Dimension, denn sie vergrößert ja nicht nur das, was man sieht, sondern macht Dinge sichtbar, die man mit bloßem Auge kaum oder gar nicht erkennen kann – bei der weiblichen Haselblüte zum Beispiel im Längsschnitt die verborgene Anlage der Haselnuß. Des weiteren: Wasserflöhe und Springschwänze, den Feinbau von Moosen und Flechten, kleine und kleinste Insekten. Dem Bau von Bestäubungsmechanismen in den Blüten kommt man ebenso auf die Spur wie den Ursachen von Krankheiten.

Letzteres ist vor allem für die Aussaaten wichtig, die man jetzt in Töpfen und Kistchen am Fensterbrett macht. Allzu leicht werden sie, wenn man nicht aufpaßt, das Opfer von Blattläusen, Schimmelpilzen oder Fadenwürmern – und dabei handelt es sich ja oft um wertvolles Saatgut, zum Beispiel um selbstgesammelte oder getauschte Samen von Wildpflanzen aus anderen Gegenden, die so leicht nicht wieder zu beschaffen sind.

Man sollte also von vornherein Sorgfalt walten lassen, und das bedeutet vor allem: sterilisierte Erde und absolut saubere Saatschalen. Das Sterilisieren einer durch Sandbeigabe gemagerten Saaterde ist einfach: Man nimmt einen alten Kochtopf (der nur für diesen Zweck benutzt wird), füllt ihn mit der Erde, legt den Deckel auf und stellt den Topf für eine Stunde in den Backofen. Eine Temperatur von 80 Grad reicht völlig aus, um Bakterien, Schimmelsporen, Nematoden und viele Unkrautsamen abzutöten. Die noch heiße Erde füllt man gleich in die Saatgefäße oder in Plastiksäcke, die man dicht verschließt.

Bei den Saatgefäßen liegt das zweite Sauberkeitsproblem: Die viel verwendeten Holzkistchen kann man nicht zuverlässig reinigen, eher schon die Blumentöpfe – aber darin trocknet die Erde zu schnell aus; Styroporkästen sind wegen der guten Wärmedämmung recht zweckmäßig, sehen aber scheußlich und provisorisch aus – von Joghurtbechern gar nicht erst zu reden. Ich füge der Liste empfohlener Gefäße, die ich alle nicht mag oder nicht zweckmäßig finde, ein weiteres hinzu, dessen Vorteile ich seit vielen Jahren nutze:

Es handelt sich um ein kleines Einweckglas von einem viertel Liter Inhalt, das nach unten etwas konisch zuläuft. Es ist in jedem Haushaltswarengeschäft zu haben. Statt des Deckels setzt man dem Glas eine Haube auf, und zwar eines jener durchsichtigen Plastikschälchen, in denen man Heringssalat oder Ziegenkäse zu kaufen bekommt. Die Schälchen passen genau in den Rillenrand des Glases, erlauben also einen guten Abschluß. Die Kombination hat mannigfache Vorzüge:

Man braucht sich nicht mit allerlei Glasplatten, Töpfchen und Kästchen herumzuschlagen; die Gläser sind leicht zu reinigen, die Hauben kann man nach Gebrauch auch wegwerfen; die Erde im Glas bleibt so feucht, wie man sie bei der Aussaat gemacht hat, man braucht nicht zu gießen, also auch den Deckel nicht zu öffnen – das Eindringen von Schädlingen oder Schimmelsporen ist damit zuverlässig verhindert. Wenn man nicht zu gießen braucht, kann man das Gießen auch nicht vergessen. Viele Aussaaten sind schon daran zugrunde gegangen, daß der Sämann oder die Säfrau zwei Tage verreist war. Da die Haube mehrere Zentimeter hoch ist, können die Sämlinge eine Zeitlang ungestört wie in einem Brutkasten wachsen, bis es Zeit für eine vorsichtige Belüftung ist. Je mehr Aussaaten man macht, um so praktischer ist es, wenn man sie sich selbst überlassen kann, und je mehr verschiedene Aussaaten man macht, um so nützlicher ist es, wenn man jede Art für sich behandeln und transportieren kann.

Manche Samen von Wildpflanzen und Gehölzen neigen zum »Überliegen«, keimen also erst im nächsten oder übernächsten Jahr – das Einweckglas mit dem Plastikdeckel hütet sie zuverlässig, vor allem, wenn man die Saaterde mit einer dünnen Schicht gemahlener Holzkohle bedeckt hat, die die Entwicklung von Schimmelpilzen und Algen stark hemmt oder ganz verhindert. Da die Gläser unten konisch zulaufen, fällt es leicht, sie zum Pikieren der Sämlinge wie eine Puddingform zu stürzen – natürlich mit daruntergehaltener Hand, die den Erdballen auffängt.

Zumindest kostbares und nur in geringer Menge vorhandenes Saatgut sollte man so behandeln. Der Krähenfuß-Wegerich *(Plantago coronopus)* in meinem Garten stammt ursprünglich von drei Samenkörnern, die ich einem trockenen Herbariumsexemplar entnahm und dann im Glas keimen ließ. Inzwischen sät er sich längst selbst an passender Stelle aus: in Ritzen und Fugen, wo er mindestens gelegentlich plattgetreten wird; nur so entwickelt er seine charakteristische flache Rosette mit den schön geschlitzten Blättern (daher auch: Schlitzblatt-Wegerich), während er im lockeren Gartenboden sichtlich verfettet und kaum mehr an einen Krähenfuß denken läßt. Aus Zufällen und Vorfällen wie dem des so mühsam aus dem Herbarium ins Leben geretteten Wegerichs erwächst oft eine besondere Zuneigung zu einer Art oder Gattung, und manchmal entstehen daraus ganze Sammlungen. So war jener Krähenfuß-Wegerich für mich der Anstoß, mich weiter um die Wegeriche zu kümmern. Vom Breitwegerich *(Plantago major)* fand ich eine Rasse, die gegen alle Regel in der Mitte des Blütenstengels ein kleines Hochblatt trägt und gelegentlich statt einer geraden Blütenähre eine ypsilonförmig gegabelte bildet. Zuerst dachte ich, das wäre etwas ganz Besonderes, bis ich in der 80 Jahre alten ›Flora‹ von J. Sturm eine Aufzählung all der Abwandlungen fand, zu denen die Wegeriche fähig sind:

»Hochblätter am Stengel; laubartige Blütendeckblätter; kleine Blattrosetten an der Spitze der Blütenstände; an der Spitze des Stengels eine Blattrosette, aus welcher Blütenzweige entspringen« – und so weiter, und sogar »anstelle der Blüten kleine Blattrosetten«. Seitdem sind alle Wegeriche, an denen ich vorbeikomme, meiner besonderen Aufmerksamkeit sicher.

Die Bemerkung aus Sturms ›Flora‹ ist übrigens ein hübsches Beispiel für die Sorgfalt und Gründlichkeit, mit der man damals Pflanzenbücher für interessierte Laien schrieb, während man uns heute mit Bilderbüchern abspeist, die nur das Nötigste enthalten. Hinweise wie den zitierten sucht man darin vergebens – und von den zehn bei uns vorkommenden Wegericharten (davon sechs verbreitet, vier selten) findet man in diesen Büchern fast nie mehr als drei erwähnt.

Freund Günter steuerte zur Wegerichsammlung eine besonders schöne Variation des Breitwegerichs bei; ihr Blütenstand ist kugelig, nach oben etwas spitz auslaufend. Die absonderliche Form kommt dadurch zustande, daß alle Einzelblüten der Ähre ein löffelförmiges Tragblättchen besitzen, wobei die Löffelstiele nach oben hin immer kürzer, die rundliche Ähre also immer schmaler wird. Merkwürdigerweise sind auch die Laubblätter der Rosette anders angeordnet als bei der Stammform: Statt weniger, flach am Boden liegender Blätter sind es viele, die eng beieinander stehen und hoch aufgerichtet sind.

Manche Pflanzen möchte (und sollte) man schon wegen ihres Austriebs im Garten haben: Beim Meerrettich überrascht die unwahrscheinliche Zartheit der ersten Blätter; bei der Pfingstrose faszinieren die hochgereckten frühen Triebe, die lila glänzen und erst ergrünen, wenn sie sich entfalten, beim Adlerfarn und anderen Farnen erwecken die spiralig eingerollten jungen Wedelspitzen den Eindruck, als stünden unter der Erde lauter kleine Bischöfe und schickten sich an, samt ihren Krummstäben langsam hochzutauchen.

Und beim Stinkenden Hainsalat *(Aposeris foetida)* wirken die fein gesägten Blätter, die jetzt im März zum Vorschein kommen, wie ein absonderlich zartblättriges Moos oder wie ein hauchdünner chinesischer Papierschnitt; sehr bald ersteht daraus eine dem Löwenzahn ähnliche Pflanze, und im Juni öffnet sich die einzige gelbe Blüte auf einem dünnen Stengel. Dcr weiße Milchsaft des Hainsalats riecht unangenehm – ein überraschender Gegensatz zur heiteren Erscheinung dieser Pflanze, die vor allem in Gebirgswäldern heimisch ist. Im Garten gedeiht sie gut an schattigen Stellen, wenn der Boden frisch und reich an Kalk und Humus ist.

Oft taucht, gerade bei solchen weniger bekannten heimischen Pflanzen, die Frage auf, welche Lebensbedürfnisse sie hat. Es gibt ein Buch, das darüber zuverlässig Auskunft erteilt und das jedem, der einmal damit gearbeitet hat, alsbald ganz unentbehrlich wird. ›Zeigerwerte der Gefäßpflanzen Mitteleuropas‹ heißt der Titel. Heinz Ellenberg hat dafür mit Computerhilfe unzählige Bestandsaufnahmen ausgewertet und zu übersichtlichen Listen ökologischer Kennzahlen verarbeitet.

Auf einen Blick kann man in diesem Buch für jede Pflanzenart das Lichtbedürfnis, die zuträgliche Bodenfeuchtigkeit (oder -trockenheit), die erwünschte Bodenreaktion und das Nährstoffbedürfnis ablesen, – samt einigen anderen, für den Gärtner nicht unmittelbar wichtigen Angaben.

Die Tabellen lassen sich auch »andersherum« benutzen, etwa dann, wenn es darum geht, die geeigneten Pflanzenarten für eine sehr schattige, mäßig feuchte und nährstoffarme Gartenecke herauszufinden. Und mit Hilfe einer besonderen pflanzensoziologischen Kennzahl lassen sich zum Beispiel alle Charakterpflanzen des Kalkmagerrasens oder der Staudensäume an Gebüschen oder sonstiger Pflanzengesellschaften ermitteln. Da gerät man

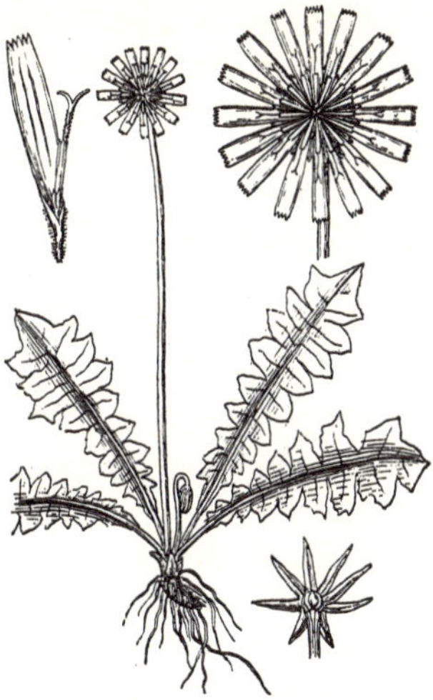

Stinkender Hainsalat

auf der Suche nach gärtnerischen Auskünften schnell ins Stöbern, man wandelt, nur geführt von Namen und Zahlen, durch Watt und Wald, durch Sümpfe und über Geröllhalden, und man gewinnt Einblicke in die natürliche Vergesellschaftung der Arten. Die kleinen Pflanzungen im Garten bedeuten einem dann viel mehr, sie weisen auf größere Zusammenhänge hin: Der Garten ist nur eine Beispielsammlung – aber in dieser Beschränkung liegt zugleich die Rechtfertigung dafür, daß wir im Garten nicht eine Als-ob-Natur zu rekonstruieren versuchen, sondern getrost die Bruchstücke und Exempel nebeneinander aufreihen, ohne den Vorwurf der Künstlichkeit zu scheuen.

Wie relativ so etwas ist, zeigt sich am Beispiel des Schneeglöckchens *(Galanthus nivalis)*, das jetzt allenthalben zu blühen begonnen hat. Die Geschichte ist etwas länger, aber sehr lehrreich:

Vor achtzig Jahren kam das Schneeglöckchen nur in wenigen Gebieten Deutschlands wild vor – in Schlesien vor allem und an einigen Stellen im Rheinland; ansonsten war es, wie August Garckes ›Flora von Deutschland‹ im Jahre 1895 vermerkt, »selten; weit häufiger in Gärten und aus denselben oft zahlreich verwildert«. Im Laufe der Jahrzehnte verwilderte es immer mehr, es breitete sich aus, und alle Naturfreunde waren es zufrieden und sind es noch, soweit nicht inzwischen der Straßenbau und die Landwirtschaft dem Schneeglöckchen wieder den Garaus gemacht haben: In der ›Roten Liste‹ ist es als »potentiell gefährdet« eingestuft.

Höchst unzufrieden, ja aufs peinlichste berührt waren jedoch die Vegetationskundler. In einer großartigen gemeinsamen Anstrengung haben sie vor einiger Zeit einen Atlas der Flora der Bundesrepublik Deutschland fertiggestellt, in dem für jede Pflanzenart auf einer Verbreitungskarte alle Fundstellen notiert sind, und die Schneeglöckchen-Karte zeigt so viele Fundpunkte, daß ein Vegetationskundler dazu in einem Vortrag ganz pikiert vermerkte: »Das natürliche Areal wird schon fast durch die vielen Verwilderungen aus Gärten verwischt.«

Mit anderen Worten: Das Gebiet, in dem das Schneeglöckchen früher einmal anzutreffen war, wird ein für allemal als »natürliches Areal« festgeschrieben, und wenn inzwischen das Schneeglöckchen sich einerseits aus diesem Areal, andererseits aber aus Gärten neue Gebiete dazuerobert hat, so ist dies sinngemäß ein »unnatürliches« Areal, in dem es rechtens gar nicht leben dürfte – selbst wenn es im »natürlichen« Areal potentiell gefährdet ist. So fügte denn auch jener Vegetationskundler seinem Verweis für das Schneeglöckchen die Feststellung hinzu:

»So schön und eindrucksvoll das Schneeglöckchen in jedem Vorfrühling immer wieder ist – für den Naturschutz einzig von Interesse ist die Erhaltung einiger natürlicher Vorkommen.«

Das bedeutet umgekehrt: Lieber streichen die Vegetationskundler aus ihren Listen eine Art, wenn sie der allgemeinen Verwüstung zum Opfer gefallen ist, als daß sie bereit wären, die Verbreitung einer Art über ihr »natürliches« (und das heißt ja nur: über ihr bisheriges) Areal hinaus zu konzessionieren.

Die Geschichte hat zwei Pointen. Die erste: Wenn Ameisen die Samen des Schneeglöckchens verschleppen und an weit entfernter Stelle für eine Neuansiedlung sorgen, dann ist dies eine legitime Erweiterung des »natürlichen« Areals; wenn aber ein Mensch mit oder ohne Absicht das Schneeglöckchen an eben dieselbe Stelle verschleppt, dann bedeutet die gleiche Pflanze an derselben Stelle in den Augen der Vegetationskundler eine ganz unzulässige Verfälschung der Schneeglöckchengeographie, eine Verunreinigung der Arealkarte. Naturschutz müßte, wenn man das zu Ende denkt, unter anderem darin bestehen, daß man alle Schneeglöckchenbestände, die etwa durch Verschleppung mit Gartenmüll entstanden sind, sorgfältig ausrottet, damit man in der Arealkarte wieder all diejenigen Punkte ausradieren kann, die »das natürliche Areal verwischen«.

Die zweite Pointe: Das Schneeglöckchen ist eigentlich in Süd- und Osteuropa heimisch, und in Sturms ›Flora von Deutschland‹ aus dem Jahre 1906 liest man: »Allgemein in Gärten gezogen und wahrscheinlich überalll aus solchen verwildert.« Nicht unmöglich, sondern sehr wahrscheinlich also, daß das, was die Vegetationskundler als »natürliche« Vorkommen bezeichnen, gleichfalls Verwilderungen sind, die sich von den neueren nur durch ihr ehrwürdiges Alter unterscheiden. Nicht *daß* eine Pflanze irgendwo gedeiht, ist für diese Art von Naturbuchführung das Entscheidende, sondern daß sie genau dort gedeiht, wo es sie immer schon gegeben hat. Vegetationskunde als Geschichtsforschung und Naturschutz als reiner Konservierungsprozeß: da tut eine Wissenschaft den ersten Schritt von der Beschreibung der Natur zu angemaßter Oberherrschaft.

Ein etwas holperiger, aber wichtiger gärtnerischer Merkvers lautet: »Wer will Dicke Bohnen essen, darf den März nicht vergessen.« Je eher man sie legt, um so weniger hat man mit den schwarzen Läusen zu tun, die es gerne wärmer haben, um sich zu vermehren.

Daß die Dicke Bohne *(Vicia faba)* auch Saubohne heißt, ist irreführend: Wenn man sie jung genug erntet, ist sie eine wahre Delikatesse und viel zu schade, um als Schweinefutter verwendet zu werden. Ganz unklar ist die Herkunft dieser uralten Kulturpflanze: Sie stammt wohl aus dem Mittelmeergebiet, vielleicht kommt sie sogar von noch weiter her – aber man hat bisher keine Wildform gefunden, aus der heraus sie gezüchtet sein könnte.

Wie andere Leguminosen bildet die Dicke Bohne Wurzelknöllchen mit stickstoffsammelnden Bakterien; vielleicht hängt damit die überlieferte Empfehlung zusammen, man solle in *ein* Pflanzloch eine Kartoffel und drei Dicke Bohnen geben. Ich habe es im vorigen Jahr ausprobiert: Die Kartoffeln gediehen vorzüglich, und die Dicken Bohnen wurden nur mäßig von Blattläusen heimgesucht; möglicherweise ist den Läusen das Kartoffelkraut aus irgendwelchen Gründen unbehaglich.

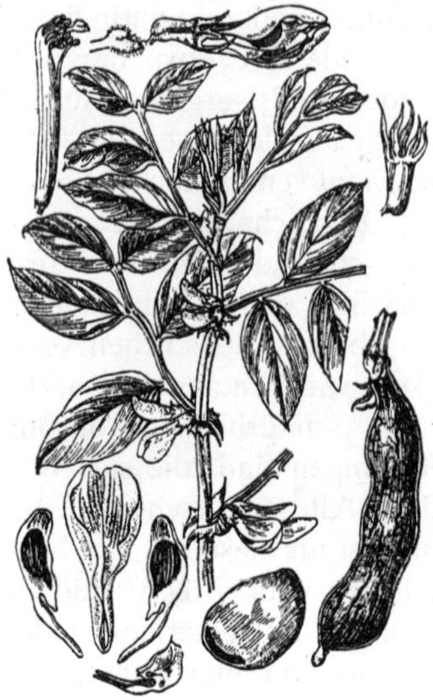

Dicke Bohne

Wenig bekannt ist übrigens, daß man die Dicken Bohnen nach der Ernte im Juli stark zurückschneiden kann; sie treiben dann noch einmal durch und bringen Anfang Oktober eine kleine Nachernte – freilich geht das nur, wenn man sie *nicht* mit Kartoffeln zusammen gelegt hat.

Auch wer keine Dicken Bohnen mag, sollte zwei oder drei Pflanzen heranziehen, sie vielleicht schon im Februar am Fensterbrett vorkultivieren und im März auspflanzen: Wäre die Dicke Bohne nicht jahrhundertelang als Feldfrucht angebaut worden, dann hätte man sie wahrscheinlich ihrer schönen Blüten wegen als Gartenstaude zu würdigen gewußt.

April

Im April kann man den Giersch noch essen: Die jungen Blätter glänzen, als wären sie frisch lackiert, sind zart und saftig und schmecken vorzüglich, wenn man sie wie Spinat zubereitet, mit Butter, Salz und Muskat.

Der Giersch ist eines von den Unkräutern, die man auch heutzutage noch mit gutem Gewissen »Unkraut« nennen darf: erstens verdrängt und erstickt er jedes andere Pflanzenleben, und zweitens läßt er sich durch keinerlei biologische Maßnahmen vertreiben. Die schönen Tabellen in neueren Gartenbüchern, die uns die Unkräuter als »Zeigerpflanzen« vorstellen und uns dazusagen, wie wir den Boden behandeln müssen, damit das Unkraut verschwinde, übergehen den Giersch geflissentlich: Er wächst auch da, wo es gar nichts anzuzeigen gibt; er liebt den Stickstoff, kann aber auch ohne ihn auskommen; er weiß Feuchtigkeit und Schatten zu schätzen, aber Sonne und Dürre bringen ihn nicht um. Er ist von unglaublicher Zähigkeit, und wenn man ihn einmal hat, wird man ihn so leicht nicht los. Wer zu fleißigem Jäten rät, ist entweder ein Schalk oder kennt den Giersch nicht: Seine zahlreichen weißen Wurzeln brechen wie Glas, und aus jedem kleinsten Bruchstück sprießt schon nach wenigen Tagen ein neues Pflänzchen.

Den Giersch regelmäßig zu ernten und aufzuessen, ist da schon ein besserer Rat. Man wird ihn auf diese Weise zwar nicht ausrotten, aber man sieht ihn gleich in anderem Licht: als robustes, absolut wartungsfreies und unentwegt nachwachsendes Dauergemüse. (Es ist ja merkwürdig, daß jahrhundertelange züchterische Bemühungen bis heute noch kein solches Dauergemüse hervorgebracht haben. Wenn man dem Löwenzahn seine Bitterkeit wegzüchten könnte, bräuchte man keinen Salat mehr zu säen.)

Früher benutzte man zerquetschte Giersch-Blätter, um rheumatische Schmerzen zu lindern. Deshalb hieß er auch Zipperlekraut oder Podagrakraut *(Aegopodium podagraria)*.

Übrigens gibt es eine (auch für andere Wurzelunkräuter brauchbare) Bekämpfungsart, die, wenn schon nicht richtig biologisch, so doch wenigstens chemiefrei ist: Man deckt den vom Giersch befallenen Bereich mit schwarzer Folie ab, beschwert

Gemeiner Giersch

diese mit ein paar Steinen und läßt sie mindestens ein Jahr lang liegen. Ohne Licht und Wasser hält es selbst der Giersch so lange nicht aus. Ein wenig Bodenleben kann auch unter der Folie noch bestehen, und im nächsten Jahr läßt sich die Fläche mit einer Kompostgabe schnell wieder regenerieren. So unbiologisch ist das Verfahren gar nicht, ein Erdrutsch am Hang ist im Prinzip dasselbe.

Im April beginnen in meinem Garten zwei absonderliche Gräser zu gebären: sie sind eng miteinander verwandt und haben eine teils nahezu gleiche, teils grundverschiedene Überlebensstrategie. Das eine ist das Alpen-Rispengras *(Poa alpina),* das andere heißt Zwiebel-Rispengras *(Poa bulbosa),* auch Knollen-Rispengras.

Beide Gräser tragen an ihrer Rispe fast niemals Blüten, sondern fertige winzige Graspflänzchen mit leicht gebogenen Blättern, die der Rispe ein heiterbeschwingtes Aussehen verleihen. Während der »Blüte«-Zeit sehen sich die beiden Gräser ziemlich ähnlich; bald danach aber gehen sie ganz verschiedene Lebenswege: Die Ähren des Alpen-Rispengrases werden, weil die kleinen Brutpflanzen kräftig wachsen, immer schwerer; sie neigen sich zur Erde, wurzeln sogleich an und bilden schon nach wenigen Wochen kräftige neue Horste um den alten herum. Die Ähren des Zwiebel-Rispengrases hingegen trocknen ein und kippen um, und wenig später welkt auch die Mutterpflanze dahin, wie von einer plötzlichen Krankheit befallen. In Wahrheit ruhen beide nur. Im September oder Oktober, wenn rundherum das herbstliche Welken beginnt, treibt die Mutterpflanze wieder aus, auch die am unteren Ende zwiebelartig verdickten »Kindl« schlagen Wurzeln und ergrünen, und beide gehen frisch und aufrecht durch den Winter.

Was die beiden Gräser verbindet und was sie unterscheidet, hat seinen strategischen Sinn: Das Alpen-Rispengras erlebt in seiner Heimat nur eine ziemlich kurze Vegetationsperiode; es sichert seine Vermehrung, indem es die Stufen der Samenbildung, Reifung und Keimung überspringt und statt dessen gleich fertige Brutpflänzchen hervorbringt. Das Zwiebel-Rispengras hingegen stammt aus der südosteuropäischen Steppe. Dort sind die Winter nicht so kalt, aber dafür die Sommer um so trockener und heißer; das Zwiebel-Rispengras entgeht der Dürre, indem es zuvor noch schnell seine Kindl gebiert und sich dann mit diesen zusammen zur Sommerruhe begibt. Mit dem ersten Herbstregen beginnen sie den nächsten Lebensabschnitt.

Weise sei dies alles eingerichtet – hätte man früher gesagt. Heute sagt man, dies sei kein Wunder, sondern das Ergebnis von Mutation und Auslese, eine Anpassung also. Für mich bleibt es immer noch ein Wunder, daß zwei Gräser dort, wo eigentlich Blüten hingehören, fertige Pflänzchen erzeugen und mit diesen auch noch unterschiedlich verfahren. Die Mitteilung, dies alles sei genetisch bedingt und eine Folge von Mutationen, ist nur die Übersetzung des Rätsels in eine andere Sprache, in die Sprache der Biochemie. Wie denn eigentlich das, was auf der Ebene der Gene als Programm notiert ist, Gestalt annimmt, davon wissen wir weit weniger, als uns die Biologiebücher glauben machen möchten.

Man wird mir vorhalten, es sei ökologischer Unfug und ein Vergehen gegen den Gedanken des naturnahen Gartens, wenn ich mir ein Alpengras und ein Steppengras an den Niederrhein hole und auf ein Beet setze. Dazu wäre manches zu sagen. Für diesmal nur so viel: Hätten nicht Tausende von Gartenmenschen in Hunderten von Jahren wieder und immer wieder versucht, fremde Pflanzen in ihren Gärten anzusiedeln, dann hätten wir heute keine Tomaten, keine Kartoffeln und keine Radieschen; wir müßten die Echte Kamille entbehren, die Zitronenmelisse, den Salbei und das Bohnenkraut; wir hätten keine Lupinen, keine Kapuzinerkresse, keinen Flieder und keine Weiße Taubnessel, keinen Feld-Ahorn und kein Schwarzes Bilsenkraut, kein Gänseblümchen und keine Eselsdistel; nicht einmal den Acker-Ehrenpreis und die Kornrade hätten wir – sie alle und viele, viele andere sind keine Einheimischen, sondern Zugereiste oder Hergelaufene, und manche von ihnen sind heute in der ›Roten Liste‹ als schutzbedürftig aufgeführt.

Wollte man Ernst machen mit dem Begriff der heimischen Pflanzen, dann müßte man eine Jahreszahl festlegen und von Amts wegen dekretieren, daß eine Pflanze, die vor dem Stichjahr bei uns war, als einheimisch zu gelten hat und jede danach angekommene als Fremdling. Aber das hieße dann doch, willkürlich aus unserer Sicht die Geschichte festzuschreiben, die in Wirklichkeit Jahr für Jahr weitergeht – mit oder ohne menschliches Zutun.

Die alten Bauerngärten, die sich zu Recht einer neuen Sympathie erfreuen, waren geradezu angefüllt mit importierten Arten: Sonnenblume und Rosmarin, Nachtkerze, Lavendel, Taxus und hundert andere, die uns heute fehlen würden, wenn es damals schon Leute gegeben hätte, die den natürlichen Garten mit heimischen Pflanzen propagiert und die »Exoten« geächtet hätten.

Ich plädiere nicht für die Tulpenrabatte vor der Fichtenkulisse, auch nicht dafür, daß man ingrimmig versucht, im »Steingarten« den Feigenkaktus durch den Winter zu bringen, der in südlicheren Ländern als robuste Heckenpflanze gedeiht und bei uns immer so aussieht, als hätte er sich verirrt und wäre doch lieber wieder zu Hause. Aber ich wehre mich dagegen, daß ich die Vielfalt freudig gedeihender Pflanzengäste aus vielen Gegenden und Ländern auf den Kompost werfen soll, um dann den ziemlich krampfhaften Versuch zu machen, auf vergleichsweise winzigem Raum ein Stück »echter« heimischer Natur zu zelebrieren. Ich kann mir kaum etwas Künstlicheres vorstellen als 80 Quadratmeter Almwiese oder Kahlschlag mit Weidenröschen, denn das Natürliche des Gartens besteht eben darin, daß er ein Garten ist, ein Gasthaus der Mannigfaltigkeit, ein Raum der bewußten Hege, der bewundernden Betrachtung (auch des Heimischen natürlich!), ein Raum des Experimentierens, des Sammelns, des Nutzens – kurz: Ein Garten ist natürlich ein Garten, und da es ihn immer gegeben hat, ist er ein Biotop wie jeder andere, der sich nicht vorwerfen lassen muß, er verletze die ökologische Moral.

Der April ist eine gute Zeit zum Umpflanzen: Die Erde ist noch frisch, Dürre kaum zu befürchten, und die Pflanzen selber nehmen Teilung und Versetzung nicht übel, sondern treiben willig durch. Jetzt können wir also alle im Vorjahr gefaßten Beschlüsse verwirklichen. Die Krötenlilie *(Tricyrtis)*, ein faszinierender Fremdling, bekommt einen neuen Halbschattenplatz, der Salbei muß noch mehr Sonne haben, und der Krähenfuß-Wegerich *(Plantago coronopus)* braucht einen Standort, auf dem er regelmäßig mit Füßen getreten wird, damit er seine charakteristische Rosette entwickelt.

Wer jetzt den gelegentlich zu hörenden Rat befolgt, sein Kräuterbeet aufzulösen und die Kräuter rundum zwischen anderen Stauden zu verteilen, der sollte zweierlei bedenken: erstens, daß

Pfefferminze

fast alle Kräuter mageren Boden und volle Sonne mögen, und zweitens, daß es, je nach Wetter und Gartengröße, mühselig sein kann, die Kräuter für den abendlichen Salat oder für die grüne Soße aus mehreren Ecken zusammensuchen zu müssen; wenigstens die wichtigsten Kräuter gehören also in Küchennähe.

Grundfalsch hingegen ist es, die Minze im Kräuterbeet zu kultivieren. Sie verlangt einen nahrhaften, möglichst etwas feuchten Boden und will frei darin umherwandern. Sie nimmt es meist sehr übel, wenn man sie allzusehr einengt und etwa in einem eingegrabenen Eimer ohne Boden zu disziplinieren versucht.

Der Eimer müßte schon eine Wanne sein, wenn das gelingen soll, und mindestens alle zwei Jahre muß man alle alten Rhizome herausreißen und ein paar junge neu pflanzen. Wenn man nur eine Minzenart hegt, mag das angehen. Schwieriger wird es für den, der aus der großen Zahl sehr verschiedener, sehr eigenartiger Minzen wenigstens die wichtigsten fünf oder sechs hegen will, um Abwechslung ins Pfefferminzteetrinken zu bringen und auch bei Suppen, Salaten und Saucen immer die passende wählen zu können: die Orangenminze, die Krauseminze, die Poleiminze, die Ananasminze oder welche auch immer.

Da die Minzen auch Halbschatten vertragen, habe ich mir geholfen, indem ich sie weit voneinander irgendwo unter lichte Sträucher verteilt habe und sie rigoros absteche und ausreiße, wenn sie sich zu sehr ausbreiten. Es ist schön, beim Gartenrundgang in mehreren Ecken den Minzen zu begegnen und sie zu begrüßen, indem man ein Blatt abbricht, zwischen den Fingern zerreibt und dann den Duft eine Zeitlang mit sich herumträgt. Den Winter übersteht die Minze unter den Sträuchern recht gut, während sie auf dem flachen Beet ein wenig Schutz gegen Kahlfröste braucht – denn auch die Minze stammt aus dem Mittelmeerraum und die besten Züchtungen aus englischen und nordamerikanischen Gärten ...

Die Spinnerinnen, so liest man, hätten früher auf getrockneten Schlehen gekaut, um den Speichelfluß zu fördern und die Finger, die den Faden führten, besser anfeuchten zu können. Daß sie dafür gerade Schlehen nahmen, mag ihnen auch in anderer Hinsicht von Nutzen gewesen sein: Die Inhaltsstoffe der Schlehen sollen die Abwehrkräfte des Körpers stärken und gegen Halsentzündungen und rheumatische Beschwerden wirksam sein. Vielleicht sollte man tatsächlich anstelle von Mentholbonbons getrocknete Schlehen kauen.

Dazu müßte man einen Schlehdorn *(Prunus spinosa)* im Garten haben. Gerade jetzt steht er in Blüte, das heißt, er ist beladen mit einer Schaumwolke aus kleinen weißen, dicht beieinanderstehenden Blüten an den schwarzen, noch unbelaubten Zweigen. Bald treiben die zierlichen Blätter aus, und später reifen in dem dornigen, undurchdringlichen Gestrüpp die kirschenähnlichen Früchte heran; sie sind blau, hell bereift, schmecken im Herbst noch arg sauer und ziehen die Mundschleimhaut zusammen, aber die ersten Fröste lassen genug Zucker entstehen, um die Schlehen genießbar und für viele Zwecke brauchbar zu machen – für Marmeladen, Liköre und Säfte. Die getrockneten Schlehenblüten ergeben ürbrigens einen sanft abführenden Tee, und die dicht verhakelten Zweige mit ihren langen Dornen sind ein sicherer Schutz- und Nistplatz für Vögel.

Ein vielseitiges Gehölz also, das noch auf steinigem Boden gedeiht (allerdings für Kalk und Wärme dankbar ist) und, wenn man es in der Baumschule kauft, kaum mehr kostet als ein Alpenveilchen; drei oder vier Jahre später ist der Strauch mannshoch.

Das einzige, was sich gegen den Schlehdorn als Gartenstrauch anführen läßt, ist seine Neigung, unablässig Ausläufer und Wurzelschosse hervorzubringen, so daß unter ihm kein Pflanzenleben möglich ist und die nähere Nachbarschaft stets unter Druck gerät. Mit einer Ausnahme: Der Weißdorn *(Crataegus)* soll so viel Macht über die Schlehe haben, daß sie in seiner Nähe verdorrt und stirbt – weshalb man einen mit Schlehenzweigen begangenen bösen Zauber leicht durch Weißdornzweige auflösen konnte.

Ob die beiden Sträucher sich wirklich so schlecht vertragen, habe ich noch nicht ausprobiert. Ganz gewiß gibt es viele solcher gegenseitigen Beeinflussungen von Pflanzen (»Allelopathie« heißt das Fachwort dafür), doch muß ich gestehen, daß ich allen Nachrichten über Freundschaften und Feindschafen nur mit größter Vorsicht begegne. Vieles mag durch lange Erfahrung gesichert sein, aber allzuoft hat sich bei kritischer Prüfung auch erwiesen, daß zufällige, nicht genau genug kontrollierte Beobachtungen zu ehernen Gartenweisheiten erhoben worden waren. Zum Beispiel gab es früher im Heilpflanzenanbau zahlreiche Regeln, wonach bestimmte Nachbarschaften ganz erstaunliche fördernde oder hemmende Auswirkungen auf die beteiligten Arten haben sollten – aber als man diese Angaben in umfangreichen Feldversuchen nachprüfte, blieb so gut wie nichts davon übrig.

Das sollte nun kein Grund sein, solche Regeln von vornherein als Gartenlatein abzutun. Im Gegenteil: Es wäre an der Zeit, einmal alle in Umlauf befindlichen Ratschläge zu sammeln und dann mit möglichster Genauigkeit die Probe aufs Exempel zu machen, in gut vorbereiteten und genau dokumentierten gärtnerischen Versuchen. Um nachzuweisen, daß sich Kohl nicht mit Zwiebeln verträgt, genügt es nicht, die beiden zusammenzupflanzen und dann grob zu schätzen, ob der Kohl schlechter geraten ist als im vorigen Jahr, da er andere Nachbarn hatte; vielmehr muß man gleichzeitige Kontroll-Experimente machen und dafür sorgen, daß alle Versuchsbedingungen (Boden, Belichtung, Bewässerung, Kleinklima) absolut gleich sind. Schon sehr geringe Abweichungen können das Ergebnis drastisch verändern.

Wenn zwei Pflanzenarten nebeneinander (oder nacheinander) besonders gut oder besonders schlecht gedeihen, dann kann dies sehr verschiedene Ursachen haben; es können direkte Wirkungen der einen Pflanze auf die andere vorliegen (zum Beispiel durch Wurzelausscheidungen) oder indirekte Wirkungen (zum Beispiel, daß die eine Art den spezifischen Schädling der anderen fernhält).

Soweit die Wissenschaft sich mit der Allelopathie beschäftigte, hat sie es meist darauf angelegt, die Wirkung bestimmter Inhaltsstoffe einer Pflanze nachzuweisen, sehr oft mit Hilfe von Extrakten, getrockneten Blättern, Wurzelwaschwasser oder ähnlichem. Zumindest für den schlichten Gärtner aber erschiene es mir sinnvoller, daß man die Nachbarschaften unter normalen Gartenbedingungen durchprobiert. Das wäre ökologische Feldforschung, deren Ergebnisse man (auch fotografisch) festhalten sollte, möglichst in einer Kladde, die das irdische Leben des Gärtners überdauert. (Es ist ja überhaupt merkwürdig, daß man immer nur von Omas Kochbuch mit ihren besten und geheimsten Rezepten hört, aber nie von Opas Gartenbuch, in dem sicher auch guter Rat zu finden wäre.)

Unter der Ölweide hat sich der Aronstab *(Arum maculatum)* selbst ausgesät, ein Zeichen dafür, daß ihm die Nachbarschaft bekommt. Im ganzen Garten muß man jetzt auf solche Selbstaussaaten achten und sich, bevor man die Sämlinge ausreißt, vergewissern, ob es sich nicht um eine jener vielen Arten handelt, die uns alle Mühe der Vermehrung und Neuaussaat abnehmen, indem sie selber für ihre Erhaltung sorgen und selber entscheiden, wo sie in diesem Jahr siedeln wollen. Auch viele Gehölzsamen, von Vögeln oder vom Wind oder über den Kompost im Garten verteilt, keimen jetzt gern im Schutz anderer Pflanzen. Plötzlich taucht irgendwo eine kleine Wacholderkolonie auf (für die wohl eine Amsel verantwortlich ist) oder das zarte Jungpflänzchen einer Mahonie, dessen rundliche Blätter nur ganz fein bestachelt sind und so hauchdünn, daß man, wenn man sie gegen das Licht hält, die gelbe Tönung des Saftes wahrnimmt, die später nur noch beim Durchschneiden des Holzes zu sehen ist.

Oft ist im Sämling das Wesen der Art (oder der Gattung) wie in einem Kürzel ausgedrückt. Wenn man sich eingehender mit Sämlingen beschäftigt, wird man sie bald ziemlich sicher bestimmen können, und man wird erstaunt bemerken, welche vagen, unscheinbaren Andeutungen der künftigen Gestalt dafür schon ausreichen. Wer nicht eine prinzipielle Abneigung gegen das Pressen und Trocknen von Pflanzen hat, kann sich ein Herbarium von Sämlingen anlegen. Gerade aus der vergleichenden Anschauung der einfachen Anfangsformen wird er ein Empfinden dafür gewinnen, daß es mehr als nur romantisierende Schwärmerei ist, wenn man (außerhalb der wissenschaftlichen Botanik) vom »Wesen« einer Pflanze spricht.

Mehr denn je sind die Stunden des Gärtners jetzt von einer gewissen Spannung erfüllt: Allenthalben kommt Überraschendes zum Vorschein, an anderen Stellen bleibt Erwartetes aus, weil es dem Frost oder eisiger Nässe zum Opfer gefallen ist. In den meisten Gärten fehlen die Hügel oder Böschungen, die man aus grobem Kalkschutt oder Steinen errichten sollte (nicht eine Handbreit hoch, sondern kniehoch!), damit die gefährliche Winternässe ohne jede Stauung ablaufen kann. In den Winkeln und Tälchen solcher Bergschüttungen gedeihen zahllose Pflanzen aus den Felsspalten- und Trockenrasengesellschaften, die auf dem flachen Beet nur kümmerlich leben können – auch wenn dieses Beet durch ein paar dekorativ verteilte Steine als »Steingarten« deklariert worden ist. Es sind nicht die Steine auf der Erde, sondern die Steine unter der Erde, die einen Steingarten zum Steingarten machen.

Schaftdolde

Die Nachahmung natürlicher Biotope im Garten stößt schnell auf Grenzen, aber man kann wenigstens die wichtigsten Lebensbedingungen eines natürlichen Standortes in kleineren Gartenbereichen zu schaffen versuchen. Kaum jemand wird zum Beispiel über ein Waldstück verfügen, in dem sich die Frühjahrsblüher des Laubwaldes ansiedeln ließen, die die kurze Zeit bis zum Laubaustrieb nutzen und später, wenn es schattig wird, oft ganz »einziehen«; aber in jedem Garten findet sich eine Ecke unter Sträuchern oder Bäumen, wo auf kleinem Raum genau diese Bedingungen gegeben sind.

Dort könnte jetzt die Schaftdolde *(Hacquetia epipactis)* blühen, die in Staudenkatalogen als Gartenpflanze angeboten wird, tatsächlich aber auch als einheimische Wildpflanze gelten kann: Sie ist von Süden her bis in die schattigen Laubwälder Schlesiens vorgedrungen. Im April öffnen sich die eng dem Boden anliegenden Blüten, die in einer kleinen rundlichen Dolde zusammengedrängt und von fünf oder sechs großen gelblichen Hochblättern umgeben sind: Ein Doldenblütler, der wie ein Korbblütler daherkommt. Die Laubblätter sind um diese Zeit noch kaum entfaltet und haben ganz kurze Stiele, so liegen die Blüten nebeneinander auf einem flachen grünen Teppich. In den nächsten Wochen werden sich Blattstiele und Blütenstiele immer mehr verlängern, das gelbgrüne Polster reckt sich in die Höhe und zugleich vergrünen die Blüten völlig; irgendwann im Sommer verschwindet die Schaftdolde dann wieder.

Bei mir macht sie dem (eng mit ihr verwandten) Wassernabel Platz, dessen größtenteils unterirdisch kriechende Stengel sich mit dem Wurzelwerk der Schaftdolde gut vertragen. Der Wassernabel *(Hydrocotyle vulgaris)* hat fast kreisrunde, leicht gekerbte Blätter, markstückgroß, mit denen er, wo es feucht genug ist, ganze Flächen bedecken kann. Seine Blüten sind unscheinbar, die runden Blattschilde aber auffallend, weil es so runde Blätter in den Gärten sonst eigentlich nur noch bei der Kapuzinerkresse gibt.

Warum gibt es so wenige Pflanzen mit runden Blättern? Oder umgekehrt: Warum gibt es überhaupt runde Blätter? Und warum gibt es so viele verschiedene Blätter? Ich weiß es nicht. Aber ein Teil der Antwort liegt schon in der Tatsache beschlossen, daß auch jene es nicht wissen, die uns sonst so genau zu sagen vermögen, daß und warum jedes Detail einer Gestalt nichts, aber auch gar nichts anderes ist als ein Mittel zur Erfüllung eines Zweckes.

Mai

Der Mai ist die beste Zeit, Wassergärten anzulegen oder die vorhandenen zu durchforsten. Der Verdrängungswettbewerb im Wasser ist hart und macht korrigierende Eingriffe unumgänglich, und was sich im Laufe eines Jahres an organischem Abfall am Tümpelgrund sammelt, führt zu Überdüngung und allzuviel anaerobem – sauerstofflosem – Schlickleben. Also empfiehlt es sich, wenigstens einen Teil des Schlammes auszuheben und dafür scharfen Sand nachzufüllen. Der starke, wuchernde Wurzelstock des Kalmus *(Acorus calamus)* sollte beschnitten werden, bevor er den zarteren Tannenwedel *(Hippuris vulgaris)* abgewürgt hat.

Die Rhizomstücke des Kalmus strömen einen aromatischen Duft aus, der mich immer an Sommer, Sonne und Wasser erinnert – wahrscheinlich wegen eines winzigen Anteils an jenem Modergeruch, der zum Erlebnis sommerlicher Ufer gehört; er erinnert zugleich auch daran, daß der Kalmus ein Aronstabgewächs ist.

Seine Verwandten leben in der dunklen Feuchte warmer Wälder und entfalten dort geisterhafte Kesselfallenblüten von unangenehmem Geruch, während der Kalmus Licht braucht und nur bei sehr genauem Hinsehen zu erkennen gibt, daß auch seine Blüte nach dem Prinzip des Aronstabes gebaut ist.

Nur scheinbar entspringt sie nämlich seitlich dem schwertförmigen Blatt; in Wirklichkeit ist der über den Kolben hinausragende Teil das genaue Gegenstück zu dem großen Hochblatt, mit dem der Aronstab den Weg zu der im Schlund verborgenen Blüte weist. Die Kalmuswurzel wird seit Jahrhunderten pharmazeutisch genutzt und ist, weil magenstärkend und appetitanregend, in fast jedem Magenbitter enthalten.

Beim Fieberklee *(Menyanthes trifoliata)* sollte man mit dem Auslichten warten, bis alle Blüten verwelkt sind: Die Kronblätter sind ein feines Spitzenwerk von so wunderbarer Zartheit, daß man kaum genug dieser weißen Trauben im Wasserbecken stehen haben kann. An seinen Naturstandorten ist der Fieberklee (der weder gegen Fieber hilft noch ein Klee ist, vielmehr nur kleeähnliche Blätter hat und ganz früher einmal als Fiebermittel galt) ausgerottet oder gefährdet, während er im Gartenteich

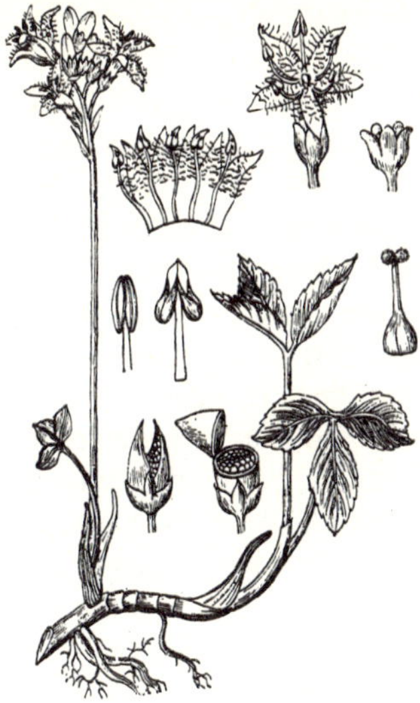

Fieberklee

kräftig wächst und der Bändigung bedarf – eine ganz unproblematische und dabei besonders schöne Sumpf- und Wasserpflanze.

Zum Bau von Wassergärten werden heute vielerlei Hilfsmittel angeboten, von der einfachen Folie bis zum fertigen Kunststoffbecken. Wem das alles zu kostspielig oder zu umständlich ist, der sollte sich in einer Baustoffhandlung die schwarzen runden Plastikbottiche besorgen, in denen man Mörtel mischt; sie sind frostfest und kosten wenig. Man kann sie ganz oder teilweise eingraben und in jedem Bottich zwei oder drei Pflanzenarten ansiedeln – das heißt: man behält den Überblick, den man im großen Teich so schnell verliert, und man kann auf kleinem Raum mit verschiedenen Wasserstandshöhen arbeiten. Wenn ich nur zwei solcher Bottiche haben dürfte, würde ich den einen mit Fieberklee und Kalmus bepflanzen, den anderen mit Tannenwedel und Igelkolben.

Für unsere viel zu kleinen Gärten gibt es noch eine weitere Alternative zum Teich, von der merkwürdigerweise in der mittlerweile kaum mehr übersehbaren »Fachliteratur« höchstens am Rande einmal die Rede ist: vom Graben.

Ein Graben läßt sich überall gut einfügen, zum Beispiel an der Grenze zum Nachbargrundstück (dann bilden die Pflanzen des Nachbarn Windschutz und Hintergrund) oder entlang einer Hekke (dann kann der Aushub des Grabens zugleich das Material für den Aufbau einer »Wallhecke« liefern). Der Graben braucht nicht breit zu sein – ein knapper Meter reicht völlig, um so besser sind die Pflanzen im Graben zugänglich.

Einen Graben anzulegen ist viel leichter als einen Teich zu bauen: Die Folie braucht nicht geschweißt zu werden, weil eine Bahnbreite von zwei oder drei Metern völlig ausreicht, um den Graben der Länge nach mit einer einzigen Bahn auszulegen; an den Enden schlägt man die Folie einfach hoch. Wenn in der Nähe eines Endes ein Regenfallrohr liegt, kann man eine Verbindung zum Graben schaffen und dafür sorgen, daß immer frisches Wasser nachfließt.

Im Gegensatz zum Teich läßt sich der Wassergraben jederzeit beliebig verlängern; vor allem aber läßt er sich durch lose aufeinandergestapelte Ziegelsteine in Abteile gliedern, so daß die Pflanzen niemals, wie das beim Teich oft vorkommt, ineinanderwachsen und sich verfilzen können. In den einzelnen Abteilen kann man auch die Erde verschieden hoch einfüllen und damit jede gewünschte Wasserstandshöhe schaffen – auch einen Sumpfbereich natürlich, der, wenn man ihn am Teichrand anlegt, den Zugang zu den Pflanzen im offenen Wasser erschwert.

Ob Teich oder Graben: Wer Wasser im Garten hat, sollte auch ein kleines, handliches Aquarium haben, um von Zeit zu Zeit an irgendeiner Stelle etwas vom Boden, ein paar Pflanzenteile, Wasser und Algen zu schöpfen, auf der Fensterbank zur Ruhe kommen zu lassen und dann einmal (auch mit der Lupe) genauer zu beobachten, was alles in seinem Wassergraben lebt und was von oben kaum zu ahnen ist. Der ganze Reichtum dieses Wasserlebens erschließt sich freilich erst dem, der ein kleines Mikroskop besitzt: Geißeltierchen, Kugelalgen, Amöben, Wimperntierchen, Bärtierchen, Goldalgen – eine Welt bizarrer Wesen, die allein schon Grund genug sein könnte, einen Teich anzulegen. Oder einen Graben.

Von der Mitte des Monats an können die frostempfindlichen Pflanzen nach draußen, zum Beispiel die Tomaten, die man entweder drinnen vorgezogen oder auf dem Markt gekauft hat. Wer sie selber aus dem Samen zieht, gewinnt dreierlei: erstens währt seine Freude länger, zweitens kann er sich die gewünschte Sorte aus vielen aussuchen oder gar mehrere probieren, und drittens kann er zwei oder drei Partien im Abstand von je einer Woche aussäen und damit die Erntezeit verlängern. Die kleinfrüchtigen Tomaten haben in den letzten Jahren an Beliebtheit gewonnen; sie sind knackig, im Geschmack oft besser als die großen, und sie reifen schneller nacheinander heran: Während man unten am Strauch erntet, bilden sich oberhalb davon schon die nächsten und übernächsten Früchte.

Eine alte Streitfrage unter Tomatenfreunden ist: entgeizen oder nicht entgeizen. Wer regelmäßig die Triebe in den Zweigachseln wegknipst, bekommt gewiß größere Früchte; wer sie stehenläßt, erntet eine größere Zahl von kleineren Tomaten. Bei vielen Gärtnern gibt es ja den Hang zu Riesenwuchs und großen Früchten, den Ehrgeiz, mit einem Riesenkürbis im Lokalteil der Zeitung zu erscheinen. Aber weder die größten Erdbeeren noch die größten Tomaten sind die schmackhaftesten – im Gegenteil. So bleibe ich dabei, daß ich meine Tomaten nicht entgeize, sondern an Stäben und Drahtgittern vor sich hin wachsen lasse.

Wohl nehme ich von jedem Fruchtstand frühzeitig die äußersten zwei oder drei Früchte weg, aber nicht, damit die restlichen größer werden, sondern weil die äußeren meist zwergig bleiben und schlecht ausreifen.

Auch die Anhänger von Hügelbeetkulturen werben für ihr Verfahren mit der märchenhaften Größe ihrer Gewächse – aber da handelt es sich meist um nichts anderes als schlichte Überdüngung, die sonst mit Recht als verwerflich gilt. Außerdem will ich nicht die größten Kohlrabi haben, sondern die feinsten. Freilich ist dies der mildeste Vorbehalt, den man gegen die Hügelbeetkultur geltend machen kann. Weit bedenklicher ist die Gefahr der schnellen Austrocknung, der man mit ständiger Bewässerung begegnen muß. Das ist nicht nur lästig, sondern auch für das Bodenleben nicht gerade vorteilhaft. Vor allem aber: Wie viele Gärten gibt es denn heutzutage, die so weitläufig sind, daß man im Laufe eines Jahres all die Zutaten erzeugen und aufschichten kann, die man für ein richtig angelegtes Hügelbeet braucht: Äste und Zweige für den Kern, ein paar Quadratmeter Grassoden, einen ganzen Haufen Herbstlaub, dann den Kompost, und schließlich die Humuserde, die man ja irgendwoanders wegscharren muß, wo sie dann fehlt.

Kein Wunder also, daß man allenthalben auf allzu schmale, schnell einsackende Hügelbeete mit verfilztem Aufwuchs trifft. Wer nicht den Platz hat, um das Hügelbeet mit aller Sorgfalt vorzubereiten und aufzubauen, bleibt besser bei der schlichten Kompostierung und beim Mulchen – beides wirklich »biologische« Verfahren, weil sie Naturvorgänge nachahmen, während im Hügelbeet ganz unnatürlich die luftbedürftigen Verrottungsvorgänge tief im Innern des Hügels unter einer dicken Bodenschicht ablaufen sollen.

Wo die Abfälle zum Mulchen nicht ausreichen, empfiehlt sich der Senf als Bodendecker, und sei es nur für zehn oder vierzehn Tage. Man kann den Samen ruhig kiloweise kaufen, denn er behält jahrelang seine Keimkraft. Wo immer eine kahle Stelle ist, streut man eine Handvoll Senfkörner aus und braucht sie nicht einmal abzudecken, denn die Vögel mögen sie nicht. Nach drei oder vier Tagen keimen die Körner, und dann kann man den Senf entweder wachsen lassen, bis man den Platz braucht, oder man kann die jungen Pflänzchen ernten und wie Kresse verwenden (sie schmecken etwas schärfer als diese). Der Senf ist frostempfindlich, kann also erst im Mai ausgesät werden.

Wer Spaß an Überraschungen hat, sät irgendwo an einem sonnigen Platz Kanarienfutter aus und deckt es mit einer durchsichtigen Folie ab, weil auch die Amseln ganz wild darauf sind. Bald kommt Bekanntes und Unbekanntes zum Vorschein. Im letzten Jahr hatte ich außer Raps und Lein und einigen weniger bemerkenswerten Gräsern auch das Kanarienglanzgras *(Phalaris canariensis)*, ein hübsches Gras mit eiförmigen Rispen und glatten Samenkörnern, das von den Kanarischen Inseln stammt, aber schon fast als einheimische Wildpflanze gelten kann, weil es seit über hundert Jahren als Vogelfutter angebaut wird und immer wieder in die Freiheit entweicht.

Des weiteren entstieg meinem Vogelfutter der Nickende Zweizahn *(Bidens cernuus)*, der bis in den milden Winter hinein unermüdlich fortblühte und noch dottergelb leuchtete, als schon das fahlere Wintergelb des Jasmins *(Jasminum nudiflorum)* vor der Mauer aufzublitzen begann: Das Ende des Gartenjahres verflocht sich mit dem Beginn des nächsten. Auch in diesem Jahr werde ich wieder Vogelfutter aussäen, diesmal eine andere Marke.

Draußen aussäen kann man nun auch die Kapuzinerkresse *(Tropaeolum majus)*, wenn man sie nicht schon im Zimmer vorgezogen hat; sie stammt aus Südamerika (wo sie ausdauernd ist) und hieß deshalb früher auch Indianische Kresse. Aus den Balkonkästen ist sie von fabrikmäßig erzeugten Geranien und Petunien vertrieben worden, und auch in den Gärten sieht man sie seltener. Dabei ist sie nicht nur eine Zierde, sondern auch eine Delikatesse: Ihre Blätter schmecken feingewiegt wie Kresse, und die Blüten eignen sich als dekorative Zugabe zu Salaten, sie sind nämlich gleichfalls eßbar. Hingegen handelt es sich bei der oft zu lesenden Mitteilung, man könne die Samen der Kapuzinerkresse in Essig einlegen und als Ersatz für Kapern benutzen, um einen Irrtum. Die das schreiben, haben offenbar nie ausprobiert, wie hart selbst die jungen Samen schon sind. In Wirklichkeit muß man die jungen Blütenknospen nehmen – wie ja auch die echten Kapern Knospen des Kapernstrauches sind.

Nützlich wird die Kapuzinerkresse auch durch das in ihr enthaltene Senföl, ein wirksames Antibiotikum vor allem gegen Infekte der Harnwege und der Atemwege. Vielleicht sind es auch die Ausdünstungen des Senföls, von denen die Blutläuse vertrieben werden, wenn man Kapuzinerkresse unter die Obstbäume pflanzt. Daß sie selber gern, ohne Schaden zu leiden, von der Schwarzen Bohnenlaus besetzt wird, sollte niemanden an der abschreckenden Wirkung auf Blutläuse zweifeln lassen: Die verschiedenen Pflanzenläuse haben ganz unterschiedliche Vorlieben und Abneigungen, was der einen schmeckt, ist der anderen ein Greuel.

Wo Rhabarber gegessen wird und wo es ihn im Garten noch oder wieder gibt, ist jetzt Erntezeit. Nur die jungen Stiele sollte man essen (ungeschält!), die älteren enthalten bis zu dreimal soviel Oxalsäure. Bevor das Ernährungswesen durch das Transportwesen in seinen Fundamenten erschüttert wurde, bevor man also fast jedes Obst zu fast jeder Jahreszeit kaufen konnte, war der Rhabarber das erste frische Frühjahrs-»Obst«, das der Garten bot. Ganz früher schätzte man den Rhabarber nur als Heilpflanze, und zwar nahm man die Wurzeln als Stärkungsmittel. Dann fand man, daß die jungen Blätter einen feinen Salat abgäben und daß sich die noch unentwickelten Triebe, wie Spargel gestochen, als Gemüse eigneten; schließlich kochte man die noch nicht aufgegangenen Blütenstände wie Blumenkohl. Als ich in einem 150 Jahre alten Hausfrauenlexikon las, dreißig Rhabarberpflanzen seien »hinlänglich, einer starken Familie wöchentlich zweimal ein schmackhaftes, gesundes Gemüse zu liefern« und man könnte schon im November mit dem Vortreiben im Keller beginnen, um ab Januar zu ernten – da glaubte ich, mein lang gesuchtes »Dauergemüse« gefunden zu haben. Noch eben rechtzeitig fiel mir ein Buch über die Toxikologie unserer Nahrungsmittel in die Hände, aus dem ich lernen mußte, daß man nach dem Genuß von Rhabarberblättern schwere Vergiftungsfälle beobachtet hat: Krämpfe, Kreislaufkollaps, akutes Nierenversagen, woran nicht oder nicht nur die Oxalsäure schuld sein soll, sondern andere in den Rhabarberblättern enthaltene Stoffe. Wir bleiben also beim Rhabarberkompott – und die prächtigen Blütenstände brechen wir nicht aus, wie es die Gartenbücher gebieten, sondern lassen sie blühen und die schönen Samen ausreifen.

Gegen das Sammeln läßt sich einwenden, daß es zur Habgier verleitet, zur Überschätzung materiellen Besitzes beiträgt und meistens viel Geld verschlingt, das man dringlicheren Dingen zuwenden könnte als ausgerechnet einer Sammlung, die irgendwann doch auf dem Müll landet. Daran ist viel Wahres, und eigentlich wollte ich auch keine neue Sammlung mehr anlegen – aber ich habe es nun doch getan. Manchmal bedarf es nämlich einer Sammlung, um eine Vielfalt zu überblicken, ihre Erscheinungsformen zu vergleichen und immer genauer damit vertraut zu werden.

Meine neue Sammlung ist eine Duftsammlung. Nichts ist schwerer zu beschreiben und zu erinnern als ein Duft – um so reizvoller demnach der Versuch, ihn in einem Gefäß festzuhalten und aus der Fülle der Düfte wenigstens einen Bruchteil zu horten.

Bei vielen Düften ist es schwierig oder ganz unmöglich, die minimale stoffliche Grundlage, von der sie ausgehen, über längere Zeit zu konservieren. Wer zum Beispiel jetzt die letzten Veilchenblüten sammelt, sie von den grünen Kelchblättern befreit und in einem Glas mit Zucker überstreut, der verfügt, sobald der Zucker die wenige Feuchtigkeit der Kronblätter aufgenommen hat, über einen kleinen Vorrat kandierter Veilchenblüten, die hübsch anzusehen sind – aber vom Duft der Veilchen bleibt nur der Hauch einer Ahnung. (Die käuflichen Veilchenpastillen sind mit künstlichem Aroma getränkt.)

Andere Düfte sind dauerhafter. Seit fast zehn Jahren bewahre ich ein italienisches »Potpourri« (eine Duftkräutermischung) mit einer etwas strengen Grundkomponente, die ich immer noch nicht identifizieren konnte, die aber die lange Zeit fast unversehrt überstanden hat.

Für die Duftsammlung habe ich kleine Schraubdeckelgläser gekauft, die 50 Milliliter fassen, groß genug für eine reichliche Probe, klein genug, daß man sie mit der Hand umschließen und durch die leichte Erwärmung den Duft verstärken kann. Es wird sich im Laufe des Jahres im Garten einiges zusammenfinden, was die Aufbewahrung lohnt, im Winter die Stimmungen des Sommers wieder erstehen läßt und vielleicht auch, im wiederholenden Vergleich und Nachspüren, das Wesen mancher Pflanze noch deutlicher erkennen läßt. Die Duftgestalt einer Pflanze ist auf ihre Weise so wirklich und so unverwechselbar wie die äußere Gestalt. Bei den alten Alchimisten, die die Heilkräfte der Pflanzen in mehreren Stufen zu sondern und wieder zu vereinigen trachteten, hieß das, was in der ersten Destillation übertrat, die »Seele« der Pflanze – nach unserem Verständnis vor allem die ätherischen Öle als wichtigste Ursachen der Düfte.

In den letzten Jahrzehnten hat man viele dieser Duftstoffe genau analysiert und dann auch synthetisch hergestellt. Aber die Düfte sind immer Mischungen, ihren künstlichen Darstellungen haftet deshalb etwas Grobes an, es fehlen die »Obertöne«, die feinen Schwingungen der Nuancen. Am Duft des Rosmarins zum Beispiel sind außer Cineol und Kampfer noch mehrere ätherische Öle und andere Stoffe beteiligt – kaum möglich, eine solche Komposition »naturgetreu« mit künstlichen Mitteln nachzuahmen.

Es gehört durchaus zu einer neuen Art des Umgangs mit der Natur, daß man mit geschärften Sinnen wieder in jene Bereiche einzutreten versucht, in denen nicht nach Kilogramm und Liter, sondern nach anderen Maßstäben gemessen wird. Vielleicht gewinnt man dann auch wieder etwas zurück von dem alten Wissen über die Heilkraft der Düfte, dem freilich auch ein anderes Bild vom Menschen und vom Heilen zugrunde lag. Wäre es heute noch gültig, dann würde man die widerlichen Dünste unserer Zeit nicht mehr nur als Belästigungen sehen, sondern ihre kränkende und krankmachende Wirkung erkennen. Daß Gestank etwas Deprimierendes ist, bleibt bei aller Forschung nach den Ursachen neuzeitlicher Depressionen stets außer acht.

Die Gartendüfte gehen meist von Blüten oder Blättern aus, selten von den Wurzeln. Einmal war ich überrascht, beim Jäten plötzlich genau den Geruch wahrzunehmen, der vor vierzig Jahren immer das Krankenzimmer meines Großvaters erfüllte: Ich hatte eine der länglichen schwarzen Wurzelknollen des Knolligen Mädesüß *(Filipendula vulgaris)* durchstochen, die verschiedene

Knolliges Mädesüß

Salizylverbindungen enthält und deshalb wie eine Rheumasalbe duftet. Im Schraubglas der Duftsammlung wird der Geruch sich lange halten, während einer der schönsten Gartendüfte leider sehr schnell verweht: der frische, süß zitronenhafte Duft der Blüten und Früchte des Diptam *(Dictamnus albus)*. Hartnäckig hält sich die Behauptung, man könne dieses leichtflüchtige Öl bei warmem Wetter am Strauch entzünden. Ich versuche es seit zehn Jahren, aber es ist mir noch nie gelungen.

Düfte aus dem Tierreich werden in meiner Sammlung kaum vertreten sein: Die wenigen tierischen Wohlgerüche, die es gibt, sind erkauft mit der Tötung der Tiere oder mit Quälerei – wie beim Zibet, das man den Zibetkatzen einmal in der Woche mit einem Löffel aus der Afterdrüse kratzt.

Merkwürdig ist, daß die im Pflanzenreich so häufigen ätherischen Öle im Tierreich fast nur bei den Schmetterlingen vorkommen und damit die Wesensverwandtschaft dieser Tiere zu ihren Blumenpartnern bekräftigen. Viele Schmetterlingsraupen scheiden aus besonderen Drüsen ätherische Öle aus, wobei zweifelhaft ist, ob der damit verbundene Abschreckungseffekt der primäre »Zweck« ist.

Der blumenhaften Leichtigkeit und Farbigkeit der Schmetterlinge, den ätherischen Ausscheidungen ihrer Raupen, der frappierenden Ähnlichkeit eines ausschlüpfenden Schmetterlings mit einer sich entfaltenden Blüte entspricht auf der anderen Seite Tierhaftes bei den Schmetterlingsblütlern: ihre flügeligen Blüten, ihre rüsselförmigen, suchend bewegten Spiralranken, ihre oft raupenähnlichen Schoten, ihr ganz außergewöhnlicher Gehalt an Stickstoff und Eiweiß, also eher animalischen Substanzen, und nicht zuletzt die Tatsache, daß in den Wurzelknöllchen der Leguminosen ein roter Farbstoff, das Leghämoglobin, vorkommt, der dem roten Blutfarbstoff chemisch nahezu gleich ist und später zu grünem Verdoglobin, einem Gallenfarbstoff, zerfällt. Man mag diese Spiegelungen von Tierischem in der Pflanze und von Pflanzlichem im Tier für komische Zufälle halten – für mich sind es ungelöste Rätsel, die auf eine uns nicht zugängliche Ebene des Lebens verweisen.

Bei der Konservierung der Düfte beschränke ich mich übrigens ganz auf die einfachste Methode: das Trocknen, und ich nehme in Kauf, daß dabei manche Düfte gar nicht, andere nur als Hauch (als eine Art Gedächtnisstütze) überdauern. Alkoholische Auszüge sind in den meisten Fällen unbefriedigend, weil der Alkohol eine eigene Duftkomponente hinzufügt. Natürlich könnte man die Verfahren ausprobieren, mit denen vor hundert Jahren die Duftöle aus Pflanzen gewonnen wurden: Mazeration, Absorption und Destillation.

Bei der Mazeration erwärmte man reines Schweineschmalz (oder ein anderes Fett) gelinde mit den duftenden Blüten oder Blättern, seihte diese ab, fügte wieder frische hinzu und wiederholte das so lange, bis aus dem Schmalz eine brauchbare Pomade geworden war. Die Absorption erfolgte auf mehrere verschiedene Weisen, wobei das Prinzip immer darin bestand, daß die Pflanzenteile gegen Fett (Paraffin, ölgetränkte Tücher) gepreßt wurden und ihre ätherischen Öle an das Fett abgaben; mit Alkohol wurden die Duftstoffe dann extrahiert.

Die Destillation (die auch der erste Arbeitsgang in der Spagyrik, der Pflanzenalchemie, war) geschah in Retorten oder retortenähnlichen Apparaten, meist mittels Wasserdampf. Mins Minssen, ein sensibler und einfallsreicher Chemiker am Kieler Institut für Pädagogik der Naturwissenschaften, hat großartige Duft-Projekte mit Schulklassen verwirklicht und dabei für die Destillation alte afrikanische Ton-Destillen nachgebaut. Sie sind einfacher zu handhaben als unsere modernen Laborgeräte, können auch draußen verwendet werden und tragen gerade damit zu dem Ziel bei, das Minssen verfolgte und dem sich jedermann selber mit den einfachsten Mitteln nähern kann: bewußtes und unbewußtes Erleben der Naturwesen und ihrer Stofflichkeiten wieder einzuüben, Verwandlungen wahrzunehmen und hinter dem Verwandelten das Unverwandelbare zu entdecken.

Juni

Der Juni ist für viele Gartenmenschen ein Monat der Rosen – für mich steht er im Zeichen der Schwertlilie: Die Blütezeit der *Iris germanica,* der Deutschen Schwertlilie, geht zu Ende, die der *Iris sibirica,* der Steppeniris, beginnt. Vor allem von der ersten gibt es unzählbar viele Sorten mit märchenhaften Farben und Farbkombinationen, zarte Blütenwunder; besonders den amerikanischen Züchtern ist es in den letzten Jahrzehnten gelungen, die in der *Iris germanica* angelegten Farbpotenzen freizusetzen. Es verhält sich ja keineswegs so, daß die gezüchtete Sorte einer Pflanzenart grundsätzlich eine widernatürliche Verfälschung wäre –,

Schwertlilie

vielmehr ist alles, was sie zeigt, zuvor als Möglichkeit schon in der Pflanze aufbewahrt gewesen. Die Schwertlilie vermag in ihrer Blüte das ganze Farbenspektrum mit Ausnahme des Grüns darzustellen, und stets mehrere Farben gleichzeitig, oft aquarellartig ineinander verlaufend, aber auch in scharf abgesetzter Äderung; die welligen Blütenblattränder verstärken den Eindruck des Wäßrig-Fließenden, der dann endgültig bestätigt wird, wenn die Irisblüte verwelkt und, ehe sie vertrocknet, in dicken Tropfen das Wasser aus sich herausquellen läßt, mit dem ihre Zellen angefüllt waren.

Meine Favoritin unter den Iris ist eine zart bräunlich getönte Sorte, die wirklich ganz milde nach Kakao duftet. Auch einige andere Irissorten und -arten haben Düfte zu bieten, so die Pflaumeniris *(Iris graminea)*. Viel zu wenig kümmert man sich in den Gärten um diese und die vielen anderen »botanischen«, das heißt züchterisch kaum oder gar nicht veränderten Arten, von denen ich nur noch *Iris foetidissima* nenne, deren Samenkapseln zur Reifezeit aufspringen und leuchtend orangerote Samen präsentieren.

Die Bewegungen der Pflanzen vollziehen sich meist so langsam, daß man sie kaum oder gar nicht wahrnehmen kann. Aber die Entfaltung einer Irisblüte aus der dicht und spitz aufgewickelten Knospe läßt sich gut beobachten, wenn man etwas Geduld aufbringt und etwas Übung darin gewonnen hat, zu erkennen, bei welchen Knospen gerade der Vorgang der Entfaltung in Gang gekommen ist. Dann holt man sich am besten einen Stuhl und wartet darauf, daß die Blütenblätter sich mit Wasser vollsaugen, bis der Innendruck der Zellen sie auseinanderwickelt. Zuerst stehen beide Blütenblattkreise noch aufrecht, dann klappen die äußeren Hängeblätter nach unten und die inneren Domblätter bauchen sich aus – ein faszinierendes Ereignis, das allein schon lohnt, mindestens einen Irishorst an einer sonnigen und sommertrockenen Stelle im Garten zu hegen. So zart die Blüten sind, so robust ist die Pflanze selber, sie braucht kaum eine andere Pflege als die, daß man die nach allen Seiten weiterwachsenden Rhizome alle paar Jahre aufnimmt (am besten gleich nach der Blüte, also jetzt im Juni) und ein paar Stücke davon neu legt, wobei man die dünnen Wurzeln mit Erde bedeckt, das Rhizom selber aber nur fest andrückt.

Meine Felsenbirne *(Amelanchier lamarckiana)* trägt jetzt zum dritten Mal in diesem Jahr Blüten: Im Mai waren es ihre eigenen, im Februar die unscheinbaren, von nahem aber kräftig gelb leuchtenden Blüten der Mistel *(Viscum album)*, die ich vor Jahren mit einiger Mühe auf der Felsenbirne angesiedelt habe – wie man das macht, davon wird im Dezember die Rede sein. Und jetzt, im Juni, ist der große Strauch über und über bedeckt mit den rosaroten Blüten der Anemonenwaldrebe *(Clematis montana)*. Diese wüchsige Liane hat sich sehr schnell nach oben durchgekämpft, hüllt die Felsenbirne in der Höhe ein wie ein darübergebreiteter Teppich und greift nach allen Seiten aus; im nächsten Jahr wird sie den Kirschapfel erreicht haben, der allerdings schon einer anderen Clematis als Klettergerüst dient: Im Spätsommer leuchten zwischen den reifenden violetten Kirschäpfeln die riesigen, reinweißen Blüten der Sorte ›Mme le Coultre‹ auf.

Viel zu wenig macht man von der Möglichkeit Gebrauch, Kletterpflanzen, statt sie an Pergolen oder Lattengittern hochranken zu lassen, an Bäume, Sträucher oder Hecken zu setzen. Die meisten sind ja Waldpflanzen, mögen einen beschatteten Fuß und fühlen sich im lichten Geäst sehr wohl. In meinem Tulpenbaum, auf dessen erste Blüte ich seit vielen Jahren warte, blüht eine Kletterrose den ganzen Sommer über, und das heimische Geißblatt (Jelängerjelieber, *Lonicera caprifolium*) schiebt gerade jetzt aus der Buchenhecke seine rahmweißen, betäubend duftenden Blüten, denen im Herbst die leuchtendroten Beeren folgen.

Eine einheimische Kletterpflanze ist auch die Gemeine Waldrebe *(Clematis vitalba)*, welche die Engländer mit Recht »Traveller's Joy« nennen, denn sie erfreut den Wanderer durch eine

Gemeine Waldrebe

Woge von Blüten und später, bis ins nächste Frühjahr hinein, durch herrliche federige Samenstände; allerdings braucht sie viel Platz.

Den Bäumen schaden solche Gäste nicht. Nicht einmal der Baumwürger *(Celastrus orbiculata)* vermag wirklich einen Baum zu erwürgen. Nur die Glyzine *(Wisteria)* kann mit ihren stahlhart werdenden Trieben die Stämme abdrücken (und Dächer hochheben).

Vom Buchsbaum *(Buxus sempervirens)* gibt es zwei Formen. Die eine bleibt immer zwergig und wird deshalb von alters her als Einfassungspflanze verwendet, die andere wächst, wenn auch langsam, zu dichten kräftigen Büschen heran, die sehr alt und bizarr werden können. Der Buchs ist eine alte Pflanze des Bauerngartens und unter den Immergrünen der größte Überlebenskünstler: Er verträgt Schatten und Trockenheit, gedeiht ebensogut in der prallen Sonne, läßt sich jederzeit umpflanzen und kann nach Belieben gestutzt und geschnitten werden – zu glatten Hecken oder zu jenen dekorativen Kugeln und Figuren, von denen die Buchshecken der Parks und Bauerngärten früher oft gekrönt waren. Im März und April verströmen die unscheinbaren Blüten einen Duft, der mir honigartig vorkommt, während Frider Plenzat in seinem schönen Buch über ›Duftende Pflanzen‹ ihn als »zart lilienhaft mit bitter-aromatischem Beigeruch« bezeichnet – jedenfalls lockt er unzählige Insekten an: Ehe man überhaupt sieht, daß der Buchs blüht, hört man es am Summen.

Weshalb ich im Juni vom Buchs schreibe: Um diese Zeit stutze ich die beiden Wächter am Garteneingang und stecke die abgeschnittenen Triebe irgendwo an einem schattigen Platz in die Erde; dort harren sie, grün und straff, viele Monate unverändert aus, auch den Winter über – und im nächsten Frühjahr, urplötzlich, fast von einem Tag auf den anderen, schießen aus den Stecklingen kräftige weiße Wurzelbüschel. Mein Vermehrungsverfahren ist gegen alle Regeln, denn eigentlich steckt man den Buchs erst im Spätherbst, wenn die Triebe ausgereift sind. Aber mir tut es immer leid, so lebenskräftige Zweige einfach auf den Kompost zu werfen.

Es überkommt den Gärtner in solchen Fällen eine prinzipielle, auf keinen Zweck gerichtete Lust an der Vermehrung als solcher. Ein Stück Pflanze, in die Erde gesteckt und sich selbst überlassen, bildet Wurzeln und wird zu einer neuen Pflanze: Der Vorgang ist so über alle Maßen erstaunlich, daß man immer von neuem den Wunsch verspürt, ihn in Gang zu setzen. Was da geschieht, vollzieht sich gewissermaßen von selbst, braucht keinerlei Energie als die der Sonne und keinerlei Tun als das der Pflanze selbst, die ihren Wachstumsplan in sich enthält. Es ist die mühelose Erschaffung beliebiger Fülle. Wie der Zauberlehrling starrt man gebannt auf den Überfluß, den man nicht erzeugt, aber veranlaßt hat – und wie der Zauberlehrling weiß man manchmal nicht, wohin damit.

Wenn es zutrifft, daß wir Verhaltens- und Empfindungsweisen unserer Uraltvorderen in uns tragen, dann kommt hier wohl die alte Freude der frühen Pflanzer zum Vorschein, samt der Vorfreude auf die Ernte und der Gewißheit, daß mit dem Gelingen der Vermehrung auch das eigene Gedeihen gesichert ist. Ich zweifle nicht daran, daß wir solche Erlebnisse für unsere seelische Hygiene brauchen, und zwar so bitter nötig brauchen, daß man, wenn es denn keine andere Möglichkeit gibt, wenigstens im Balkonkasten ein bißchen gärtnern sollte, statt ihn nur mit der Massenware der Saison zu bepflanzen.

Nacht für Nacht ergießt sich über meinen Garten ein Heer von Abertausenden grauer Krebse, frißt sich rundum satt, hinterläßt Millionen kleiner Kothäufchen und ist beim ersten Sonnenstrahl wieder verschwunden: Das ist kein böser Traum, keine Halluzination, sondern die reine Wahrheit; denn die Kellerasseln, Mauerasseln und Rollasseln, die tagsüber unter Laub und Steinen schlafen und im Nachtdunkel ausschwärmen, sind tatsächlich Krebse, die sich aufs Landleben umgestellt haben. Allerdings bedürfen sie noch der Feuchtigkeit und wagen sich deshalb nur nachts aus ihren mulmigen Verstecken, und die Weibchen lassen aus den Platten ihres Bauchpanzers eine Tasche entstehen, in der die Eier und die daraus schlüpfenden Jungasseln so lange feucht gehalten werden, bis sie groß genug sind, im Moderlaub allein zu überleben.

Der Heidelberger Professor Peter Schneider, der das Leben der Asseln erforscht, hat in genauen Versuchen festgestellt, daß sie, wenn sie die Wahl haben, lieber an bereits verrottete Pflanzenteile gehen als an lebensfrische. Besonders wichtig sei demnach die Mitwirkung der Asseln bei der mechanischen und biologischen Aufbereitung von altem Laub. Leider können meine Asseln nicht lesen. Ich würde sie sonst bitten, die Forschungsberichte von Professor Schneider zur Kenntnis zu nehmen und sich danach zu richten. Meine Asseln fressen nämlich alles, nicht nur das alte Laub, sondern auch Sämlinge, Wurzeln und Blätter aller Art. In Sempervivumkulturen feiern sie wahre Freßorgien, in den Spalten der Trockenmauer benagen sie alles, was sie finden, und zwei Pflanzkästen auf dem Sims der Kellertreppe, hinter denen genug altes Laub bereitliegt, stehen meistens leer, weil alles, was ich darin pflanze, binnen kurzem in fruchtbaren, feinkörnigen Asselkot verwandelt wird. Selbst bei den Asseln scheint sich die alte Zoologenweisheit zu bestätigen, daß man die Ergebnisse von Fütterungsexperimenten in Gefangenschaft nicht ohne weiteres auf das Verhalten im Freiland übertragen darf. Ich weiß die Mitwirkung der Asseln bei der Humusbereitung zu schätzen, ich freue mich an der Feinkörnigkeit des Asselkots, ich bewundere den Trick mit der Bruttasche der Asselweibchen, ich finde auch den Gedanken, Krebse im Garten zu haben, sehr anheimelnd – aber es geschieht doch nur unter Zähneknirschen, daß ich die Verwüstungen, die mir die Asseln bescheren, als den Lohn abbuche, den ich treuen Helfern für geleistete Dienste schuldig bin.

Wer in diesen Wochen Gelegenheit hat, an einem großen Fluß, am Rhein zum Beispiel, die Ufergebüsche zu durchstreifen, der sollte Ausschau halten nach einer der merkwürdigsten Pflanzen, die es gibt. Sie beginnt jetzt gerade zu blühen, und ihre Besonderheit besteht darin, daß sie nur diese Blüten und einen – allerdings sehr langen – Stengel hat, an dem die Blüten in dichten Knäueln sitzen. Es ist die Nesselseide *(Cuscuta europaea)*, eine Schmarotzerpflanze ohne Blätter und Wurzeln. Was sie an Nährstoffen braucht, entnimmt sie dem Saftstrom ihrer Wirtspflanze, die sie mit Hilfe von Saugwurzeln anzapft, indem der fädige, gelbliche Stengel sich, dem Uhrzeigersinn entgegen, um einen Stengel der Wirtspflanze windet. Im Gegensatz zur halbparasitären Mistel, die immerhin mit ihrem Chlorophyll Photosynthese betreibt, trägt die Seide nicht das geringste zu ihrem Unterhalt bei, sondern lebt ausschließlich von ihrem Wirt, den sie dabei ernstlich schädigen kann. So war eine auf den Lein spezialisierte *Cuscuta*-Art der Schrecken aller Flachsbauern; sie ist inzwischen so gut wie verschwunden, weil bei uns kein Lein mehr angebaut

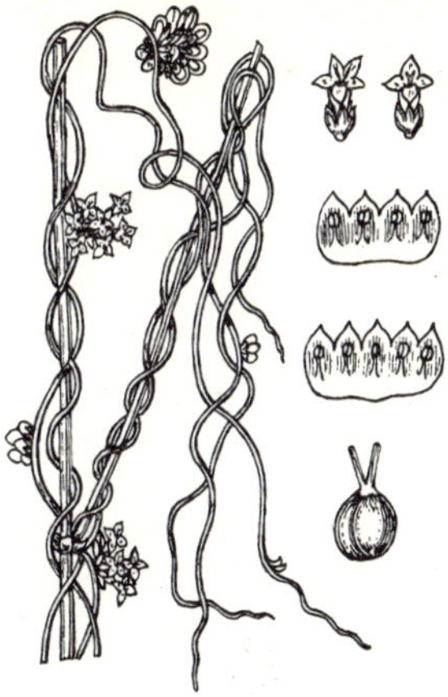

Nesselseide

wird. Sechs weitere, auf verschiedene Gruppen von Wirtspflanzen spezialisierte Arten findet man nur höchst selten, manche davon sind durch die Saatgutreinigung der Nutzpflanzen vertrieben worden.

Die Nesselseide lebt gern auf Brennesseln, aber auch auf Leguminosen (Hülsenfrüchtlern) und Korbblütlern. Wo sie in größeren Beständen vorkommt, bietet sie zweimal im Jahr einen faszinierenden Anblick: Im Sommer sind die Brennessel- oder Asternbüsche von oben bis unten mit den zahllosen, rosaweißen Blütenknäueln bedeckt, und im Herbst, wenn die Blüten verwelkt und die Samen ausgereift sind, färben sich die Stengel der Seide leuchtend gelb und liegen als enges Gespinst über den Wirtspflanzen, wie eine fadenscheinige Decke, wie »Teufelszwirn« – dies ein alter, volkstümlicher Name der Seide.

Man kann sich diesen Teufelszwirn in den Garten holen, wenn man den Samen der (übrigens einjährigen) Pflanze im Oktober am Grunde eines Herbstasterstocks verteilt, ohne sie aber danach mit Erde zu bedecken. Voraussetzung für die Keimung im nächsten Jahr ist ausreichende und immerwährende Feuchtigkeit. Schatten ist günstig, Sonne schadet aber nur dann, wenn sie den Boden austrocknet. Der Asternstock wird nicht ganz absterben, für Sträuße ist er freilich nicht mehr zu gebrauchen. Hat man den Teufelszwirn einmal angesiedelt, dann sät er sich an seinem Standort immer wieder von selber aus.

Juli

Der *Jonkheer van Tets* hat es am eiligsten: Anfang Juli schon reifen die Früchte dieser langtraubigen Johannisbeersorte; sie sind ausnehmend groß – aber genauso sauer wie alle anderen roten Johannisbeeren (die weißen sind nur wenig milder), und da wir von allerlei süßen exotischen Früchten verwöhnt sind, hat die Beliebtheit dieses robusten, kaum Arbeit erfordernden Beerenobstes sehr abgenommen. Es gibt aber ein einfaches Mittel, der Säure der Johannisbeere ihre Kraft zu nehmen: Man ertränkt die Beeren in Schlagsahne, das ergibt einen köstlichen Nachtisch (von der Verwendbarkeit der Beeren für Marmeladen, Gelees und Säfte ganz abgesehen). Selbst die etwas strenger schmeckenden schwarzen Johannisbeeren sind durch Schlagsahne leicht zu besänftigen.

Ein weiterer Vorteil der Johannisbeeren (auch der Stachelbeeren) besteht darin, daß sie schon im zweiten Jahr nach der Pflanzung tragen: Die Geduld des Gärtners und die seiner Kinder wird nicht so lange auf die Probe gestellt wie bei Äpfeln oder Birnen. Und schließlich läßt sich mit diesen Beerensträuchern ein altes gärtnerisches Problem leicht lösen: eine Hecke zu pflanzen, die nur mittelhoch bleibt, aber diese Höhe sehr schnell erreicht.

Wer die Erntezeit verlängern will, bis weit in den August hinein, braucht mehrere Sorten mit unterschiedlichen Reifeterminen – aber von jeder Sorte genügt ein Exemplar (es kostet weniger als ein guter Blumenstrauß); Johannisbeeren und Stachelbeeren lassen sich nämlich leicht vermehren, indem man im Frühjahr einen Trieb nach unten biegt, mit etwas Erde bedeckt und mit einem Stein beschwert; im Herbst ist er gut bewurzelt und kann abgeschnitten und ausgepflanzt werden. Mit diesen Ablegern kann man die Beerenhecke vergrößern, aber auch sonst beliebig experimentieren (immer mit dem Vorteil, daß alles vergleichsweise schnell geht): Man kann sie an Mauern oder Drahtzäune zu Spalier»bäumen« erziehen, also die Triebe durch Anbinden in jede gewünschte Richtung leiten, und man kann kniehohe oder brusthohe »Kniestämmchen« oder Hochstämmchen erzeugen, indem man alle unteren Seitentriebe bis in die gewünschte Höhe wegschneidet. Die käuflichen Hochstämmchen sind allerdings

Veredelungen auf einer Unterlage, die nicht, wie die anderen Sorten, durch viele Bodentriebe lästig wird. Das einzige, was man den Johannisbeeren und Stachelbeeren als Nachteil anrechnen könnte, ist, daß sie nur unscheinbare Blüten zu bieten haben. Aber man kann nicht alles verlangen.

Erwartungsvoll prüfe ich im Juli jeden Morgen nach, ob die Efeusommerwurz *(Orobanche hederae)* in diesem Jahr wieder kommt oder nicht. Die Sommerwurz ist eine Schmarotzerpflanze, und ich habe sie vor vier Jahren zum ersten Mal auf die bloßgelegten Wurzeln eines Efeus ausgesät; wider alles Erwarten (denn Schmarotzerpflanzen sind sehr heikle Gartengäste) schossen im zweiten Jahr fünf starke Triebe empor, und zwar innerhalb weniger Tage, wie Pilze – mit denen die Sommerwurz überhaupt manches gemeinsam hat: Sie besitzt kein Blattgrün, ihre nur andeutungsweise als Schuppen ausgebildeten Blätter ähneln den fransigen Stielschuppen mancher Pilze, und ihre Farben sind matt und etwas schmutzig. Der grauweiße Stengel trägt violette Rachenblüten in ähriger Anordnung und stirbt gleich nach der Samenreife ab; unten ist er zu einer festen Knolle verdickt, die der Wurzel des Wirtes fest aufsitzt. Wenn es der Sommerwurz an einem Standort gefällt (und ich habe Grund zu der Hoffnung, daß dies bei mir zutrifft), dann bildet sie auch unterirdische Stengel aus, die suchend weiterwachsen wie Pilzmyzel und, sobald sie wieder auf eine Wirtswurzel treffen, einen neuen oberirdischen Sproß entstehen lassen. Es ist sehr merkwürdig, wie hier alle Prinzipien des Pilzlichen von einer schmarotzenden Blütenpflanze verwirklicht werden, ohne daß es einen direkten entwicklungsgeschichtlichen Zusammenhang gäbe; es ist, als ob der Sommerwurz ein uraltes Lebensmuster eingefallen wäre, das sie nun mit ihren ganz anderen Mitteln nachzuahmen sucht.

Es gibt (oder gab) in Deutschland einundzwanzig Arten der Gattung *Orobanche,* jede Art auf eine kleine Gruppe bestimmter Wirtspflanzen spezialisiert. Die meisten sind so gut wie verschwunden oder schwer gefährdet, meist wohl durch »Kulturmaßnahmen« in Landwirtschaft und Weinbau. Einundzwanzig außergewöhnliche Pflanzenwesen, für immer dahin, man wird sie nicht wieder erwecken können, wenn dereinst, vielleicht, der Versuch unternommen wird, die Verwüstung der letzten Jahrzehnte rückgängig zu machen.

Meine *Orobanche* ist ein schönes Beispiel für die unendlichen Möglichkeiten, im Garten zu experimentieren und Dinge zu beobachten, die man kaum anderswo zu Gesicht bekommen kann. Es ist ein Unterschied, ob man die Sommerwurz, dieses nächtliche Zwischenwesen, in Büchern bestaunt oder ob man, geduldig und ungeduldig, ihr wirkliches Erscheinen erwartet, das eilige Aufschießen bewundert und schon knapp zwei Wochen später die staubfeinen Samen ernten kann. Natürlich muß es nicht etwas so Ausgefallenes sein wie die Sommerwurz. Es kann auch sein, daß man irgendwo im Urlaub ein paar Samen abgestreift und in die Tasche gesteckt hat und nun gespannt erwartet, was daraus zum Vorschein kommt; oder daß man bei einem Spaziergang ein spatentiefes Loch gräbt, eine Handvoll von dessen Grund mit nach Hause nimmt und in einen Kasten füllt, den man mit einer Glasscheibe abdeckt: Da zeigt sich bald, welche Pflanzen noch in dieser Tiefe als Samenkörner überdauert haben.

Freilich kann es dann Schwierigkeiten beim Bestimmen geben. Die zuständigen (und oft auch die weniger zuständigen) Verlage preisen uns zwar Jahr für Jahr einige neue, bunt bebilderte »Bestimmungsbücher« an – aber alle sind lückenhaft bis dorthinaus, stets beschränkt auf das, was die Verlage dann die »wichtigsten« Pflanzen nennen. Das heißt: Gerade die oft unscheinbaren, selteneren, mehr oder weniger gefährdeten Arten fallen größtenteils unter den Tisch. Wer ihnen begegnet oder wer nach ihnen sucht, muß zu den Florenwerken greifen, die für den Botaniker bestimmt und nur spärlich bebildert sind (wie Schmeil-Fitschen oder Garcke). Zwar kann man bei weitem nicht alle Pflanzen nach Bildern bestimmen, aber es bleibt dennoch beschämend, daß wir über Hunderte von Bilderbüchern mit immer den gleichen Pflanzenarten verfügen, aber nicht über ein Buch, in dem alle Pflanzen abgebildet sind. Möglich, daß ein solcher Band kein verlegerischer Erfolg wäre; aber er sollte sich aus den Überschüssen finanzieren lassen, die man mit dem Wust unbrauchbarer Pflanzenbücher erzielt.

Wenn man den Lavendel *(Lavandula angustifolia)* für Heilzwekke nutzen will, zum Beispiel als Bestandteil eines milden Schlaftees, dann muß man ihn jetzt, noch vor dem Aufblühen, schneiden. Soll er in Duftsäckchen gefüllt oder ins Badewasser gegeben werden, dann kann man bis nach der Blüte warten, wenn man die

Lavendel

Triebe ohnehin stark einkürzen muß, um das Verkahlen zu vermindern. Der rüde Schnitt ist schmerzlich – aber noch trauriger ist der Anblick der spirrigen Lavendelbüsche, die lange keine Schere gesehen haben. Überhaupt wird ja von der Gartenschere viel zu wenig Gebrauch gemacht. Die meisten Gartenfreunde würden wahrscheinlich den Spaten zum Wappenzeichen wählen – aber die Schere ist wichtiger, man sollte überhaupt nie ohne sie in den Garten gehen: Irgendwo gibt es immer etwas, was im Vorbeigehen zu Mulch zerschnitten werden kann, und irgendwo gibt es immer eine Blüte, einen Zweig oder einen Samenstand, den man mit ins Haus nehmen will, um ihn in Ruhe zu studieren.

In den Büchern steht, man solle vom Lavendel nur die Blüten benutzen, nicht die Blätter; da aber auch sie eindringlich nach Lavendel duften, sehe ich nicht ein, warum ich sie wegwerfen soll; sie wandern mit auf die Trockenhürde und dann in die Leinensäckchen, die zu Weihnachten dankbare Abnehmer finden. Nur einige Stengel werden nicht eingekürzt, sondern »abgelegt«, also in eine Erdrille gedrückt, wo sie anwurzeln. Die Ableger dienen der Vergrößerung des Lavendelbestandes – zu viel davon kann man kaum haben.

Dem Lavendel eng verwandt und in vielem ähnlich, doch von ganz anderem Duft, ist der Rosmarin *(Rosmarinus officinalis)*, den man um diese Zeit leicht durch Ablegen (wie beim Lavendel beschrieben) oder durch fingerlange krautige Stecklinge vermehren kann, die man unten entblättert und in Töpfe mit einem Torf-Sand-Gemisch steckt. Im Gegensatz zum Lavendel ist der Rosmarin nicht zuverlässig winterhart. Statt die kräftig werdenden Büsche im Herbst mühevoll auszugraben und ins Haus zu bringen, ist es viel besser, nur ein paar Jungpflanzen auf dem Fensterbrett zu überwintern und die Mutterpflanze draußen zu lassen. Manchmal hält sie mehrere Jahre aus, bevor der Erfrierungstod sie ereilt.

Ob Rosmarin, in den Kleiderschrank gelegt, wirklich gegen Motten hilft, weiß ich nicht. Sicher ist aber, daß sowohl Saucen als auch Badewasser sehr gewinnen, wenn man ihnen Rosmarin zusetzt; das gleiche gilt für Braten und Seife. Am wichtigsten aber scheint mir die Verwendung des Rosmarins als Gewürz für Bratkartoffeln. Wer das einmal probiert hat, wird fortan nicht nur den Rosmarin für die Bratkartoffeln kultivieren, sondern er wird die Bratkartoffeln wegen des Rosmarins auf den Tisch bringen. Zu warnen ist nur vor getrocknetem Rosmarin – er vermittelt nur eine schwache Ahnung vom Aroma dieses köstlichen Krautes, mit dem die alten Griechen zu Recht ihre Götterbilder bekränzten; und zu warnen ist auch davor, daß man den Rosmarin aus dem Samen zu ziehen versucht – das dauert ziemlich lange und mißlingt oft.

Im neuen Botanischen Garten der Universität Hamburg, draußen in Klein-Flottbek, blüht jetzt die Sumpf-Schafgarbe *(Achillea ptarmica)*. Als ich Anfang März, fröstelnd, dort herumspazierte, war nur das Schild zu sehen – und zwar im Bauerngarten auf einem Sonderbeet mit den Gewürzpflanzen für die berühmte Hamburger Aalsuppe. Bis dahin hatte ich nicht gewußt, daß diese Pflanze einen so speziellen Würz-Zweck hat, woraus erhellt, daß der Besuch eines Botanischen Gartens auch im Winter lohnend ist.

Von der Sumpf-Schafgarbe, früher auch Bertram oder Dorant genannt, kennt man in den Staudengärten eine gefülltblühende Form, aber mir gefällt die Wildform besser; sie hat nur einen einfachen Kreis weißer Zungenblüten, die Röhrenblüten schimmern gelblich, eine zarte und bescheidene Schönheit über den schmalen, ganz fein gesägten Blättern. Inzwischen habe ich diese Blätter gekostet, sie schmecken frisch und würzig mit einer ganz leisen Schärfe.

In den heutigen Kräuterbüchern kommt die Sumpf-Schafgarbe nicht mehr vor. Es gibt aber einen ziemlich alten, zuverlässigen Ratgeber, in dem wirklich nahezu alle Pflanzen aufgeführt sind, die sich irgendwie verwenden lassen. Das Buch wurde 1918 in Stuttgart auf schlechtem Holzpapier gedruckt und trägt den Titel: ›Ersatzstoffe aus dem Pflanzenreich‹. Da hatte sich in den Not- und Hungerjahren des Ersten Weltkriegs der angesehene Professor Ludwig Diels, später Direktor des Königlichen Botanischen Gartens und Museums in Berlin, der vaterländischen Aufgabe unterzogen, alle Kenntnisse über die heimischen Pflanzen und ihre Brauchbarkeit »für Zwecke der Ernährung und Industrie in Kriegs- und Friedenszeiten« zusammenzutragen: Spargelsamen als Kaffee-Surrogat, Rohrkolben-Wurzeln zur Mehlbereitung, Torfmoos als Baumwollersatz bei Wundverbänden ...

In dem großen Kapitel über die Salate und Gemüse ist alles aufgeführt, was hungrige Menschen oder neugierige Botaniker jemals als eßbar erkannt haben. Von der Sumpf-Schafgarbe heißt es, man könne die jungen Triebspitzen, solange sie noch weich sind, als Würzkraut oder im Gemisch mit anderen Gemüsen verwenden. Wer das mag, kann leicht für Nachschub sorgen, indem er die jungen Stengel immer wieder abschneidet: Die Sumpf-Schafgarbe ist unverwüstlich, wuchert unentwegt weiter und bildet immer neue Triebe. Wenn man in dem alten Buch des Professor Diels herumblättert, wird einem erst klar, einen wie großen Teil der heimischen Flora man essen kann: Hopfentriebe, Dachwurz, Vogelmiere, Klatschmohnrosetten, Wegerich, Franzosenkraut, Klettensprosse – Dutzende und Aberdutzende von Arten, an deren Verzehr man vorher nicht im Traum gedacht hätte. Gar nicht zu reden von den Blättern, die man nach Diels' Ansicht anstelle von Tabak rauchen kann: Weidenblätter, Birkenblätter, Haselnußblätter, die Blätter der Brennessel, des Rhabarbers, der Sauerkirsche, der Linde, des Holunders, des Huflattichs und noch mancher anderen Pflanze. Unter den Zimmerpflanzen soll sich das Alpenveilchen als Lieferant eines erträglichen Tabakskrautes auszeichnen.

Aus dem Buch von Diels haben wir uns auch die Anregung

geholt, ein verbreitetes (und dann meist in Massen auftretendes) »Unkraut« als Spinat zu essen: die Gemeine Melde *(Atriplex patula)*. Seit wir den Melde-Spinat zum erstenmal probiert haben, ziehen wir ihn dem richtigen Spinat vor, und zwar deshalb, weil ihm der beim Spinat manchmal etwas störende (und für Kinder so abstoßende) »spitze« Beigeschmack gänzlich fehlt. Natürlich drehen wir die Melde nicht durch den Wolf, sondern bereiten sie als gedünstetes Blattgemüse zu; alle zarten Triebe und Blütenstände können mitgeerntet und mitgegessen werden. Wahrscheinlich gibt es kein schmackhafteres »Unkraut« als die Melde.

Gemeine Melde

Außer der Gemeinen Melde gibt es noch einige andere *Atriplex*-Arten und dazu die eng damit verwandten Gänsefuß-Arten *(Chenopodium)*, die botanisch oft nicht leicht zu unterscheiden, aber fast alle eßbar sind – die nicht genießbaren erkennt man schon an ihrem unangenehmen Geruch.

Gern sät die Melde sich auf Schuttplätzen und Äckern aus, sie liebt stickstoffreichen und etwas feuchten Boden. Wer sie draußen ernten will, sollte freilich bedenken, daß gerade eine solche

»Ruderalpflanze« auch die Gifte des Schuttplatzes oder die Pestizide des Ackers enthalten kann. Auf der Wirkung solcher Gifte mag es beruhen, daß man gelegentlich die Meinung hören kann, der Genuß von Melde führe zu Hautausschlägen oder gar Lähmungserscheinungen. Wir haben davon noch nie etwas bemerkt. Keine Angst vor Pickeln hatte man jedenfalls im Rheinland, wo die Melde ein altes Gartengemüse ist; man kann ihre Samen kaufen, allerdings sind es nicht die »Unkraut«-Samen, sondern die einer züchterisch weiterentwickelten Form, der »Rheinischen Garten-Melde«. Es lohnt sich, sie einmal anstelle von Spinat zu probieren, man kann sie schon im Februar ins Freiland säen und das Saatgut für alle Folgesaaten von den eigenen Pflanzen ernten.

Bei den Lilien muß man jetzt auf der Hut sein: Die Larven des Lilienhähnchens sind imstande, eine ganze Pflanze an einem einzigen Tag so kahlzufressen, daß wirklich nur noch die Blattstümpfe am Stengel stehen. Die Larven lassen sich leicht absammeln, weil sie durch ihre braune, feuchtglänzende Schutzhülle gut kenntlich sind. Bei dieser Hülle handelt es sich um nichts anderes als um den Kot der Larve, mit dem sie sich derart bedeckt, daß nur die Mundwerkzeuge frei bleiben. Noch nie ist es mir gelungen zu beobachten, wie eine Lilienhähnchen-Larve ihr Leben beginnt und wie sie es dann fertigbringt, sich so ordentlich einzuwickeln, daß sie ihr feuchtes »Haus« auf dem Weg von einem Blatt zum nächsten niemals verliert.

Es ist ein fast beklemmendes Schauspiel, daß sich ausgerechnet auf der Lilie, dem Symbol für himmlische Reinheit und strahlende Schönheit, eine Käferlarve auf eine so ausgesucht scheußliche Weise vor ihren Feinden schützt. Das Lilienhähnchen selber wiederum, dessen Existenz sich hier vorbereitet, ist ein orangerot glänzender Käfer von besonderer Schönheit.

Die schöne Lilie, das prächtige Lilienhähnchen und die schmutzige Larve in ihrem Kot – die moralisierende Naturbetrachtung des 18. Jahrhunderts hätte daran gleichnishafte Überlegungen angeschlossen, die uns heute höflich untersagt werden, dieweil es doch nur um Schutzmechanismen und evolutionäre Lebenszwecke geht. Aber wie auch immer das Textbuch für dieses seltsame und befremdliche Lebensdrama zustande gekommen sein mag – man darf es wohl bestaunen als Beispiel für die

Verschlungenheit von Hell und Dunkel, von Glanz und Trübheit in einer Metamorphose, die nie endet, sondern immer wieder dorthin führt, woher sie gekommen ist. Von den kleineren Liliengewächsen *(Liliaceae)* mag ich besonders die Kelch-Simsenlilie *(Tofieldia calyculata),* die in den Alpen und im Alpenvorland vorkommt und in der ›Roten Liste‹ als »gefährdet« bezeichnet wird. Die Kelch-Simsenlilie liebt Kalk und Feuchtigkeit – sie ist eigentlich eine Pflanze der Kalksümpfe und Flachmoore –, ist aber ziemlich anpassungsfähig und robust. Mit ihren grasartigen Blättern bildet sie dichte, langsam immer größer werdende Horste, die auch im Winter grün sind und jetzt, im Juli, an langen Stengeln ihre walzenförmigen, gelblich-grünlich schimmernden Blütenstände ausbilden.

Einige Staudengärtnereien bieten diese anspruchslose Pflanze an, die sich gut für absonnige, etwas feuchte Ecken eines Kalkschutthügels eignet, etwa jene Stellen, an denen regelmäßig das Regenwasser abläuft und in kleinen Senken eine Zeitlang stehenbleibt. Die pflanzensoziologische Nachbarschaft der Kelch-Simsenlilie in den »Kalk-Kleinseggenrieden« ist überaus reizvoll und edel, kommt aber für die Gartenkultur schon deshalb nicht in Betracht, weil die Arten nur durch verbotenen Raub in den letzten Biotopen zu erhalten wären: Einige Orchideen gehören hierher, der Schlauch-Enzian, das insektenfangende Fettkraut, der Bunte Schachtelhalm und der Tarant *(Swertia perennis),* ein Enzian-Verwandter – alle stark gefährdet oder vom Aussterben bedroht. Da wird die Kelch-Simsenlilie im Garten zum Mahnmal für sterbende Biotope: Man muß eine solche Pflanze vor sich sehen, um sich ganz bewußt zu werden, was es bedeutet, wenn sie und ihre empfindlicheren Nachbarn unwiederbringlich von dieser Welt verschwinden. Ich höre, von weitem aus der Zukunft, die Flüche unserer Kindeskinder.

August

Fragt man Anfang August in einem Gartengeschäft nach Krokusknollen, dann heißt es, die kämen erst im September, und wenn man erwidert, man möchte sie aber Ende September schon blühen sehen, dann setzt man sich dem Verdacht aus, man habe den Verstand verloren.

So entgeht vielen Gartenfreunden ein schönes Herbstereignis: das Aufleuchten der späten Krokusarten in halbdunklen Gartenecken, wo die Vegetation sich schon auf den Winter vorzubereiten scheint und in kühlen, länger werdenden Nächten langsam wegwelkt.

Der Safrankrokus *(Crocus sativus)* gehört zu diesen herbstblühenden. Seine Kronblätter sind dunkelblau, gelb die Narben, die den Safran liefern. Beklagenswerterweise ist dieses Gewürz in den Küchen genauso selten wie der Safrankrokus in den Gärten – obwohl Fisch und Reis sehr gewinnen, wenn man dem Kochwasser eine Messerspitze Safran beigibt.

Der Safrankrokus und die anderen herbstblühenden Arten blühen im September und Oktober. Im Frühjahr entwickeln sie schmale, fast grasartige Blätter, den Sommer über ruht die Knolle, aus der dann sehr schnell die Blüte schießt. In ihrer Heimat, den Mittelmeerländern, nutzen diese Krokusarten auf solche Weise die Frische des Frühlings und übergehen die sengende Hitze des Sommers.

Im August müssen die Knollen (es sind wirklich Knollen, keine Zwiebeln!) der Herbstkrokusse in die Erde gebracht sein, und wer es für diesmal verpaßt hat, muß es fürs nächste Jahr vormerken und zeitig genug in einer »besseren« Staudengärtnerei seine Bestellung aufgeben.

Natürlich kommen auch die Herbstkrokusse Jahr für Jahr wieder, wenn der Boden nicht zu schwer und der Schatten nicht zu tief ist. Es gibt sie übrigens in mehreren Blau- und Lilatönen, dazu in Weiß – nur das Gelb fehlt. Deshalb wäre hier noch eine andere, dem Krokus sehr ähnliche Pflanze zu erwähnen, die auch im Herbst blüht und auch im Sommer gelegt werden muß: *Sternbergia lutea,* deren dottergelbe Blüten ein erwünschter Kontrast zu den vielen dunkleren Herbstfarben sind.

Ist es geschmäcklerisch und anachronistisch, so von den Gartenpflanzen zu reden, während rundum Hunderte von heimischen Arten in Lebensgefahr sind? Ein glattes Nein würde ich nicht als Antwort wagen – aber da die Pflanzen auch in fast allen anderen Weltteilen bedroht sind und geschändet werden, hat die Trennung zwischen schützenswerten einheimischen Arten und »entbehrlichen« Fremdlingen etwas Willkürliches: dem Gärtner sind alle Pflanzen gleich lieb und wert. Wenn allenthalben die Natur verschrottet wird, dann hat *jede* Form der Zuwendung und Bewahrung ihr Recht, und jede trägt auch auf irgendeine Weise dazu bei, daß der Zorn auf jene wächst, die uns Verwüstung als Lebensqualität verkaufen wollen. Staunen und Freude im Garten – auch wenn sie Fremdlingen gelten – sind keine privatistischen Fluchtmanöver, sondern bitter nötige Bestärkungen.

Weinraute

Im August wird es Zeit, die letzten Kräuter zum Trocknen zu ernten, den Wilden Majoran, der nach dem sommerlichen Rückschnitt noch einmal frisch durchgetrieben hat, die Minzen, wenn man versäumt hat, sie vor der Blüte zu schneiden, den Thymian, ehe er verholzt, und die zu Unrecht vernachlässigte Weinraute *(Ruta graveolens),* die ein Erbstück aus den alten Klostergärten und ein apartes Würzkraut ist.

Wohl dem, der genug Platz hat, um die Trockenhürden für die Kräuter in einem weiträumigen Flur oder sonstwo im Bereich der Wohnung aufzustellen oder die Büschel im Treppenhaus aufzuhängen. Dann ist das ganze Haus durchzogen von den unterschiedlichsten Düften, die sich mischen und einerseits die ganze ins Ungreifbare reichende Dimension der Düfte eindringlich zum Bewußtsein bringen, andererseits an die Genüsse denken lassen, die mit diesen Düften verbunden sind: heitere Salate, fruchtige oder liebliche Tees und allerlei Speisen, die ohne bestimmte Gewürze gar nicht vorstellbar sind.

Zum Beispiel: keine Bohnen ohne Bohnenkraut. Doch sollte man sich die Mühe sparen, das Einjährige Bohnenkraut *(Satureja hortensis)* auszusäen; denn das Bergbohnenkraut *(Satureja montana)* schmeckt eher noch kräftiger und hat den schätzenswerten

Einjähriges Bohnenkraut

Vorteil, ausdauernde, in milden Wintern sogar fast immergrüne verholzende Büsche zu bilden.

Sie eignen sich trefflich als Einfassung des Kräuterbeets, allerdings muß man sie im Frühjahr weit herunterschneiden und alle zwei oder drei Jahre durch Ablegen von Seitentrieben verjüngen.

Auch durch Selbstaussaat vermehren sie sich gern, wenn man

die Samen ausreifen läßt und dafür sorgt, daß sie im Umkreis der Büsche in Ruhe den Winter überdauern und im nächsten Frühjahr keimen können.

Die Selbstaussaat ist überhaupt ein ganzes Gartenkapitel für sich. In den Pflanzenkatalogen ist bei manchen Arten angegeben: »Vermehrt sich leicht durch Selbstaussaat« – aber erst die Erfahrung lehrt, ob dies im Einzelfall eine Drohung oder eine Verheißung zu nennen wäre. Daß sich die zarte Jungfer im Grünen *(Nigella damascena)* jetzt im August leicht versamt und auf diese Weise ohne weiteres Zutun im Garten ebenso heimisch bleibt wie die Ringelblume *(Calendula officinalis)*, daß die zweijährige Kreuzblättrige Wolfsmilch *(Euphorbia lathyris)* selber für ihre Erhaltung sorgt, ist hochwillkommen.

Mit der Zeit lernen wir auch schon die Keimlinge dieser Pflanzen zu unterscheiden, weil die Keimblätter ahnungsweise Gestalt und Farbe der Blätter vorwegnehmen. Solche Kenntnisse sind nötig, wenn wir uns beizeiten gegen die Plagen wehren wollen, die die Selbstaussaat mit sich bringen kann: Zwei schmale lange Keimblätter, zwischen denen sich bald das erste rundliche Laubblatt zeigt, künden Gefahr – die Herkulesstaude *(Heracleum mantegazzianum)* hat sich wieder einmal ausgesät, weil man es im vorigen Jahr nicht übers Herz brachte, die imposanten Blütenräder früh genug abzuschneiden.

Ein paar Dutzend der flachen, schön gezeichneten Samen haben vorher noch entkommen können, keimen mitten in Steinbrechpolstern oder in unzugänglichen Steinfugen und haben, wenn man sie bemerkt, schon eine fingerlange Pfahlwurzel ausgebildet. Wer jetzt nicht auf der Hut ist, findet bald überall große Blattrosetten mit mächtigen Wurzeln. Im nächsten Jahr steigen daraus riesige, rhabarberähnliche Blätter auf, dazu ein dicker, gerippter Stengel, an dem die Blüte zunächst in einer bauchigen Tasche verborgen ist. Es ist immer wieder faszinierend, zu sehen, wie sich daraus binnen weniger Tage die langgestielte Dolde mit ihren Nebendolden ausfaltet und in die Höhe wächst.

Im August beginnen die streng-würzig duftenden Samen zu reifen – Zeit zum Abschneiden also, und zwar mit Vorsicht, denn alle Teile der Herkulesstaude (wie auch der bescheideneren Verwandten, der Wiesenbärenklau – *Heracleum sphondylium)* enthalten einen Stoff, der auf der Haut bei Lichteinwirkung eine lästige allergische Reizung hervorrufen kann.

Die Herkulesstaude wird bis zu drei Meter hoch, und entsprechend weit im Umkreis werden ihre Samen verweht. Das Rauhhaarige Schaumkraut *(Cardamine hirsuta),* auch ein Meister der Selbstaussaat, hat fast die gleiche Reichweite, obwohl die schönen Rosetten mit den rundlich gefiederten Blättern eng dem Boden anliegen und der Blütenstengel sie höchstens um eine Handbreit überragt; aber die feinen Samen werden, wenn die Schote wie mit einer kleinen Explosion aufspringt, weit aufgeschleudert und von jedem Luftzug noch weiter getragen.

Mit seinen weißen Blüten ist das Rauhhaarige Schaumkraut eigentlich ein Juwel, das man noch dazu gratis bekommt; man schleppt es meist unbemerkt aus einer Baumschule ein, und binnen kurzem hat es sich im ganzen Garten verbreitet. Ich versuche ihm seit Jahren beizukommen, indem ich vom frühen Frühjahr an jedes Pflänzchen ausreiße und die Blüten- und Samenstände abbeiße und aufesse, sicherheitshalber – aber irgendwo überdauert dann doch ein kleiner Bestand, und alles fängt wieder von vorne an.

Überhaupt sind die Schaumkräuter sehr fruchtbar, das einjährige Rauhhaarige Schaumkraut nur generativ, also mit Hilfe der Samen und einer verblüffend schnellen Generationsfolge, das ausdauernde Wiesenschaumkraut *(Cardamine pratensis)* und das Bittere Schaumkraut *(Cardamine amara)* auch vegetativ: Das Wiesenschaumkraut entwickelt am Blattgrund oft Brutpflänzchen, die sich verselbständigen, und das Bittere Schaumkraut wuchert, wenn der Boden feucht genug ist, mit einer unglaublichen Geschwindigkeit, so daß man beliebig viel davon ernten kann.

Als Zutat zu Salaten ist es sehr schmackhaft und nur so bitter wie das Rauhhaarige Schaumkraut rauhhaarig ist, nämlich kaum.

Im Gegensatz zum Bitteren Schaumkraut, das mit feuchtem Boden vorliebnimmt, braucht die nah verwandte und ähnlich aussehende Brunnenkresse *(Nasturtium offficinale)* ein mindestens von Zeit zu Zeit strömendes, sich erneuerndes Wasser. In Schalen mit Wasser ausgesät, wie es auf den Samentütchen empfohlen wird, keimt und wächst sie anfangs zwar leicht, neigt aber dann schnell zum Vergilben und Verfaulen.

Nicht jeder hat einen Bach im Garten, aber jedes Haus hat

eine nie ganz versiegende Quelle: das Fallrohr der Regenrinne. Natürlich kann man sich darauf beschränken, das Regenwasser in Tonnen zu sammeln. Reizvoller und gärtnerisch ergiebiger sind flache Tröge aller Art, stufenweise angeordnet und mit Überlaufvorrichtungen versehen, so daß ein Trog dem nächsten das Wasser liefert.

Auch ein kleiner, mit Lehm oder Folie abgedichteter Bachlauf läßt sich leicht herstellen, der schließlich in einem Sumpfbeet versickern kann: unerschöpfliche Möglichkeiten für immer neue Wasserbauten, in denen vor allem jene Pflanzen gedeihen, deren natürliche Standorte langsam fließende Gräben sind; das Bittere Schaumkraut gehört dazu, vor allem aber die Brunnenkresse, die übrigens auch im Winter grünt und geerntet werden kann.

Für die Zusammensetzung der Erde in solchen Wasserbeeten liest man die abenteuerlichsten Rezepte, zum Beispiel mit einem Anteil von verrottetem Stallmist, als gelte es, ein Kohlfeld zu düngen. Da aber im Wasserbeet der Stoffkreislauf fast geschlossen bleibt und durch Einwehung immer neues organisches Material hinzukommt, das durch Wassertiere und Mikroben aufgearbeitet wird, genügt es völlig, wenn man am Anfang scharfen Sand mit etwas Lehm in die Tröge gibt – alles weitere findet sich von selbst.

Es gibt Küchen, in denen liegt immer eine halbe Zwiebel herum – nicht etwa, weil in diesen Küchen ständig Zwiebeln gebraucht würden, sondern weil die Hausfrau oder der Hausmann immer nur eine halbe nimmt. Wer mit der Zwiebel so furchtsam umgeht, bringt sich nicht nur um Genüsse, sondern auch um ein billiges und vielseitiges Heilmittel: Die Zwiebel erwärmt, belebt und reinigt, ihr Schwefel entfacht ein Feuer, in dem Krankes verbrennt.

Der August ist ein wichtiger Zwiebel-Monat: Die im März gesäten Speisezwiebeln können jetzt, wenn die »Schlotten« welk sind, geerntet werden, ebenso die Nester der im April gesteckten Steckzwiebeln. Außerdem muß für die Zwiebelernte des nächsten Jahres vorgesorgt werden: Die Perlzwiebeln sind jetzt zu stecken (wenn man sie nicht an einem geeigneten Platz verwildern und sich selbst fortpflanzen läßt), und die Weiße Frühlingszwiebel muß jetzt ausgesät werden, wenn wir sie im nächsten Mai ernten wollen.

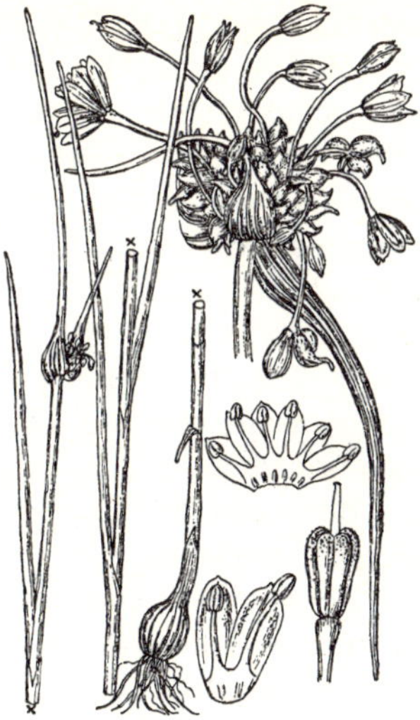

Gemüselauch

Die unterschiedlichen Termine zeigen schon an, daß die Gattung *Allium,* teils von Natur aus, teils durch jahrhundertelange züchterische Bemühungen, allerlei verschiedene Arten und Sorten hervorgebracht hat. Die erstaunlichste ist die Schalotte: Man legt sie im April, und selbst wenn es da noch bitter kalt sein sollte, bildet sie innerhalb von Tagen ein dichtes weißes Wurzelwerk aus; nur wenig später erscheint ein Bündel frischgrüner Blätter – und acht Wochen später, Ende Juni, haben sich um jede Schalotte so viele neue Schalotten gebildet, daß die Ernte eines einigermaßen großen Zwiebelfeldes nicht nur den Vorrat für drei Vierteljahre ergibt (und auch tatsächlich so lange hält), sondern dazu noch die Mutterzwiebeln fürs nächste Jahr. Und wenn der Schalottenvorrat aufgebraucht ist, sind Weiße Frühlingszwiebel und Winterheckzwiebel gerade erntereif: Es gibt keine Zwiebelpause.

Viele Besitzer kleiner Gärten meinen, Gemüse – oder gar Zwiebeln – anzubauen, lohne sich nicht. Aber »lohnend« im Sinne der Geldersparnis ist der Gemüseanbau meist auch dann nicht, wenn man viel Platz hat, lohnend im Sinne des Vergnügens ist er allemal. Man kaufe doch einmal Zwiebelsamen und erlebte mit (und zeige es den Kindern), wie aus einem Samenkorn im

Laufe weniger Monate nicht nur eine Pflanze wird mit Wurzeln, Blättern und Blüten, sondern eine Pflanze, die unter der Erde noch eine zweite gestauchte Pflanze enthält, denn die inneren Schichten der Zwiebel sind ja nichts anderes als Vorformen späterer Blätter. Noch erstaunlicher, wie eine einzige Zwiebel um sich herum ein ganzes Nest von ihresgleichen bildet – ein wunderbarer Zwiebelzauber, ein Hokuspokus unter der Erde, als wären da Erdgeister am Werk (sind's wohl auch), die sich einen Spaß daraus machen, die weißen Kugeln zu vervielfältigen und schweflige Reichtümer aufzuhäufen, die wir dann nur noch aus der Erde zu ziehen brauchen.

Die Vervielfachung des Gleichen, immer verknüpft mit der Kugelform, ist ein Gestaltprinzip der Küchenzwiebel *(Allium cepa)* und ihrer engeren Verwandten: Die gleichförmigen Wurzeln wachsen sphärisch nach allen Seiten, die Blattstiele und Blattanlagen legen sich kugelig umeinander, bei der Schalotte steht darüber der rundliche Schopf der jungen Blätter, die Blüte ist wiederum eine Kugel aus Einzelblüten, und bei manchen Arten taucht darin auch noch einmal die Zwiebelkugel als Brutzwiebel wieder auf. Unterirdisch bilden sich rundliche Nester aus Nebenzwiebeln, dern Entwicklung man einmal verfolgen sollte, indem man Perlzwiebeln oder Schalotten nah an die Scheibe eines mit Erde gefüllten Aquariums steckt und durch eine davorgestellte Pappe für die zuträgliche Dunkelheit sorgt. Für ein paar Zwiebeln im Garten braucht man nur wenig Platz, irgendwo auf einem sonnigen Beet zwischen Stauden. Wer sieben Quadratmeter erübrigen kann (zum Beispiel in einem »Vorgarten«, wo der wertvolle Grund mit »Bodendeckern« verkleidet und vertan wird), der könnte auf jedem davon eine der sieben Zwiebelsorten ausprobieren: die Speisezwiebel, die Steckzwiebel, die Weiße Frühlingszwiebel, die Perlzwiebel, die Schalotte, die Winterheckzwiebel und die Etagenzwiebel (von der im Dezember die Rede sein wird); vielleicht wird er die eine oder andere Sorte im nächsten Jahr wieder weglassen, aber er wird kaum mehr ohne eigene Zwiebeln sein mögen – und wenn es nur ein paar sind.

Der botanischen Vollständigkeit halber wäre noch zu erwähnen, daß auch der Knoblauch, der Schnittlauch, der Bärlauch und der Porree zur Gattung *Allium* gehören. Von der Eigenart der Pflanzen wird einem vieles klar, wenn man innerhalb solcher Gattungen auf- oder absteigende Reihen bildet, je nachdem, welche der in der Gattung angelegten Möglichkeiten für die einzelnen Arten bestimmend sind. Beim *Allium* könnte man mit dem Porree beginnen, bei dem die Stauchung der Blätter am geringsten und alles Zwiebelhafte nach oben in die Blätter gestiegen ist, die schalig ineinandergelegt bleiben; darauf folgt der Schnittlauch mit seinen sehr kleinen Zwiebeln, bei dem die Blattregion für die Gestalt bestimmend bleibt und die Wiederholung des Gleichen im engen Nebeneinander der Individuen zum Ausdruck kommt. In der Mitte der Reihe stehen dann die Küchenzwiebeln mit einem ungefähren Gleichgewicht zwischen dem oberirdischen und dem unterirdischen Bereich. Darauf folgt der Knoblauch, der in seinen besonders festen »Zehen« so viel Schärfe und Kraft konzentriert, daß die wenigen flachen Blätter daneben ganz unbedeutend erscheinen (das genaue Gegenstück zum Porree), und die Reihe schließt mit dem Bärlauch, der zwar dem Knoblauch im Geruch eng benachbart ist, mit seinen breiten und weichen Blättern aber schon aus dem Bereich der Gattung hinauszuweisen scheint.

Dazwischen wäre dann das gute Dutzend wildwachsender *Allium*-Arten einzuordnen. Fast die Hälfte davon ist vom Aussterben bedroht oder jedenfalls gefährdet. Ohne Hilfe botanischer Gärten könnte man schon heute keine vollständige Sammlung aller *Allium*-Arten mehr zusammenbekommen.

Noch eine Fußnote zum Schnittlauch: Oft liest man, die Blütenknospen müßten abgezwickt werden, damit sie der Pflanze keine Kraft nehmen. Wenn man sie schon abnimmt, sollte man sie aber nicht wegwerfen, sondern mit unter den Salat mischen. Noch schöner ist es aber, die Schnittlauchblüten aufgehen zu lassen und dann, ganz oder auseinandergezupft, dem Salat beizugeben; sie schmecken etwas milder als der Lauch und erfreuen das Auge durch den ungewohnten Farbkonstrast. Übrigens sind Schnittlauchblüten nicht die einzigen Blüten, die man essen kann und die den Salat zieren – ich nenne hier nur noch die Blüten der Kapuzinerkresse, des Kürbis und des Gänseblümchens, stellvertretend für hundert andere weiße, gelbe, rote und blaue Salatornamente.

Von den wildwachsenden *Allium*-Arten verdient noch erwähnt zu werden der Weinbergslauch *(Allium vineale),* der Unmengen winziger Brutzwiebeln anstelle der Blüten trägt: die Brutzwiebeln sind so zart, daß man sie ungeschält wie geschnittene Zwiebeln an den Salat geben kann, und man kann sie sogar den Winter über getrocknet aufbewahren. Die Hauptzwiebel ist klein und hart und nicht verwendbar; man läßt sie einfach im Boden und erntet nur Jahr für Jahr die Brutzwiebeln, um sie zu essen oder um damit ein achtes Zwiebelbeet anzulegen.

Die Phantasie der Verkäufer beim Erfinden verkaufsfördernder Mätzchen ist unerschöpflich: Eine Samenfabrik, die ihren Namen auf der Packung nicht nennt, hat uns die »Quick-Sticks« beschert, registriertes Warenzeichen, Patent angemeldet – eines jener Patente, bei denen Mutter Natur sich auf die Lippen beißt vor Ärger, daß sie nicht selber drauf gekommen ist.

Die Quick-Sticks sind kleine Pappstreifen mit einer ausgestanzten Lasche, unter der ein paar Samenkörner festgeklebt sind, und man braucht nun nicht mehr die Samenkörner in die Erde zu legen, sondern nur noch die Quick-Sticks zu stecken, was, wie der Name sagt, sehr schnell geht. Ich habe die Zeit gestoppt: Für das Stecken von 30 Chinakohl-Samen brauchte ich ohne Quick-Sticks drei Minuten, mit Quick-Sticks nur zwei Minuten. Das ist eine beachtliche Zeitersparnis, und Mutter Natur steht staunend dabei.

Die eingesparte Minute kann man dazu benutzen, über den Sinn solchen Fortschritts nachzudenken sowie darüber, ob es denn wirklich unzumutbar ist, ein Samenkorn in die Erde zu legen, das nicht zuvor auf einen Pappstreifen geklebt worden ist.

Ich gebe zu: Für jemanden, der sich unter einem Zentimeter nichts vorstellen kann, mag die Markierung der Saattiefe auf den Quick-Sticks hilfreich sein. Und ich gebe auch zu, daß die Samen, weil sie festgeklebt sind, beim Überbrausen nicht so leicht verspült werden. Ist es nur die schiere Sentimentalität, wenn ich, trotz dieser Vorteile, die altmodischen Samen in schlichten Tütchen zum halben Preis vorziehe und die Schnellstecker unzüchtig finde?

September

Im September muß von den Äpfeln die Rede sein. Körbeweise können sie jetzt geerntet werden. Wenn die alten Praktiken des Trocknens, der Saftgewinnung, der Apfelweinbereitung, des Krautkochens und Einmachens nicht so außer Gebrauch gekommen wären: nicht auszurechnen, für wie viele Hundertmillionen Mark Trink- und Eßwaren in diesen Wochen in Eigenarbeit erzeugt werden könnten.

Statt dessen kauft man das Apfelmus aus der Fabrik, auch den viel zu teuren Cidre, und anstelle des Apfelsüßmostes trinkt man das ganze Jahr Grapefruit aus der Flasche.

Doch fehlt es ja nicht nur an Lust und Zeit zur häuslichen Verwertung der Apfelernte, sondern auch an den Äpfeln dafür. Früher lagen sie buchstäblich auf der Straße. Aber da Falläpfel den Autoverkehr gefährden, holzte man allenthalben die Obstalleen ab; der Apfelbaum im Hausgarten wich der Libanonzeder; die »Bongerte« und Streuobstwiesen wurden das Opfer landwirtschaftlicher Rationalisierung und Intensivierung.

Als Gipfel allen Schwachsinns gab es schließlich sogar für die Bauern eine »Kopfprämie« auf jeden gefällten Apfelbaum – ganz gleich, ob seine Tracht denn nun wirklich eine Gefahr für das Funktionieren des Gemeinsamen Marktes darstellte oder ob er »nur« dem Hof zu Schmuck und Schutz gereichte.

Ich kenne einen Hof, in dessen Umkreis weit und breit kein Baum mehr zu sehen ist – und im Hausflur hängt ein kleines, liebevoll und ungelenk gemaltes Bildchen, das den gleichen Hof vor 60 Jahren zeigt: eingehüllt vom Schnee der Apfelblüte. Aus der Trauer über solche Verluste wird die blanke Wut, wenn man sich klarmacht, daß die Verwüstung flächendeckend war und ist.

Die Verantwortlichen sind immer irgendwelche »Gremien«, demokratische Körperschaften, in denen man die Entscheidung in Wirklichkeit an die Experten delegiert. Da ist niemand dingfest zu machen, die Frevler bleiben namenlos. Oder sollte man doch damit beginnen, die Herren Vorsitzenden, die Herren Gutachter, die Herren Landwirtschaftskammerpräsidenten, unter deren Ägide und auf deren Anordnung hin die Schandtaten begangen werden, mit Vornamen und Adressen der Mit- und Nachwelt namhaft zu machen, auch die Bürgermeister und Ratsmitglieder und Dezernenten?

Wer sich bei Wahlen, Jubiläen und »Leistungsschauen« für seine Gemeinnützigkeit feiern läßt, sollte sich auch nicht verstekken dürfen, wenn es um die Frage der Gemeingefährlichkeit geht. Vielleicht könnte das Nachdenken höheren Ortes in Gang gesetzt oder beschleunigt werden, wenn die »Entscheidungsträger« wissen, daß ihre Namen mit ins Spiel kommen.

Wir haben versucht, einen kleinen Neuanfang zu machen: mit einer Sammlung alter Apfelsorten. Der Gedanke entstand vor vier Jahren, als die Klage über das Aussterben der alten Sorten noch nicht überall erscholl. Wir verfaßten einen kleinen Aufruf, fragten herum, wer bereit sei, uns Veredlungsreiser von solchen Sorten zu schicken – und hatten einen ganz unerwarteten Erfolg: Der Aufruf wurde in ein paar Zeitschriften abgedruckt und tausendfach multipliziert, im Herbst kamen Päckchen über Päckchen mit Apfelproben, das ganze Haus duftete danach, und im Februar darauf kamen die Reiser, die Freund Günter auf schwachwachsende Unterlagen veredelte.

Dasselbe geschah im nächsten Jahr noch einmal (weil immer wieder jemand den Aufruf gedruckt hatte), und jetzt haben wir eine Sammlung von 125 alten Apfelsorten, aufgepflanzt ganz nah bei jenem kahlgeschlagenen Hof, am untersten Niederrhein, dort, wo der trübe Fluß das Land verläßt. Hundert Meter entfernt ziehen die Schiffe vorbei, und bei Hochwasser, zweimal im vorigen Jahr, ragen Haus und Apfelwiese als Insel aus einem endlosen Meer.

Einige Bäumchen haben schon geblüht, aber wir haben die Fruchtansätze vorsichtshalber ausgebrochen. Im nächsten oder übernächsten Jahr können wir anhand der Früchte die Sortenbezeichnungen nachprüfen, und inzwischen haben wir auch eine Baumschule gefunden, die ihr eigenes großes Sortiment mit unseren Sorten vervollständigen wird. Der Winterrambour, der Aderslebener Calvill, die Graue Reinette und viele, viele andere Sorten, die auf dem Markt kaum mehr zu haben sind, sollten wenigstens in privaten Gärten weiterleben dürfen.

Platz dafür ist auch im kleinsten Garten: Ein Spindelbusch braucht kaum sechs Quadratmeter, ein Spalier an der Hauswand keine drei. Einer unserer Reiser-Lieferanten berichtete, er hege 90 verschiedene Sorten in einem Gärtchen von hundert Quadrat-

Apfel

metern – er hat nämlich auf jeden Baum acht oder zehn Sorten gepfropft. Übrigens ist das Veredeln leicht zu erlernen, und wenn es zum ersten Mal gelungen ist und ein kleines Reis aus Nachbars Garten zum Baum heranwächst, dann kann es sein, daß die Lust am Experimentieren erwacht. Kleingärtnervereine sind die Anlaufstelle für Lernwillige.

Nicht nur Äpfel werden im September geerntet, sondern noch vieles andere, zum Beispiel: die Wurzeln des Baldrians *(Valeriana officinalis),* aus denen man einen Baldriantee kochen kann, statt Baldriantropfen zu schlucken. Der Tee ist von etwas milderer Wirkung, und für den, der so etwas öfter braucht, jedenfalls billiger, zumal wenn er den Baldrian selber im Garten zieht. Was man schon deshalb tun sollte, weil man damit seinen eigenen und allen Katzen der Nachbarschaft einen wahren Liebesdienst erweist.

Der Baldrian gedeiht im Schatten, braucht allerdings ein wenig Feuchte, um seine ganze Schönheit zu entfalten, und bietet Katern und Katzen gleichermaßen die Umrahmung für ein wonnesames Lotterbett, einen Platz der schweigenden Liebesandacht, an dem sie lange und gern verweilen (und dabei ein Stück Beet plattdrücken, aber eben nur dieses eine Stück, während sie den Feldsalat – *Valerianella locusta,* auch ein Baldriangewächs – quadratmeterweise verwüsten, indem sie sich unentwegt darin herumwälzen).

Die Blütenstände des Baldrians leuchten weiß aus dem Schatten, und die Samen keimen leicht, so daß man sich, wenn man den Baldrian einmal hat, um die Nachzucht keine Sorgen zu machen braucht: Rund um die Pflanze wachsen im nächsten Jahr kräftige neue Baldriane heran.

Die spezifischen Wirkstoffe des Baldrians sind fast ausschließlich in den Wurzeln gespeichert, Kraut und Blüte duften nur andeutungsweise danach. Ob der Baldrian angenehm duftet oder ganz abscheulich, darüber gehen (bei den Menschen) die Meinungen auseinander, wie bei vielen anderen Düften auch.

Solche Zu- und Abneigungen können kaum sozial erlernt sein; sie hängen einerseits mit ganz tiefen Schichten unserer biologischen Natur zusammen, mit wort-losem Empfinden und kollektivem Erleben, andererseits mit individuellen Erfahrungen und Erinnerungen, die sich mit Düften verbunden haben.

Das ist eine Dimension, die sich der gedanklichen Vermessung weitgehend entzieht. Schon die Benennung der Düfte macht ja Schwierigkeiten: Es gibt Hunderte von Wörtern für Farbnuancen, aber nur wenige und meist vage Bezeichnungen für Düfte und Gerüche. Wie riecht Knoblauch? Nun, eben »wie Knoblauch«.

Wer im März Knoblauchzehen gesteckt hat, kann jetzt, da das Laub der Pflanzen verwelkt, den Winterbedarf ernten; zugleich muß er jetzt neue Zehen stecken, um im nächsten Jahr wieder frischen Knoblauch zu haben.

Man kann auch die winzigen Brutzwiebeln »säen«, die sich oft in den Blütenständen bilden – freilich dauert es dann bis zur Ernte ein ganzes Jahr länger. Die Knoblauchblüten sind steril. Das hat nicht nur den Nachteil, daß man den Knoblauch nicht aus Samen ziehen kann, sondern auch noch den daraus folgenden, daß die Züchtung neuer Sorten durch Kreuzung nicht möglich ist – im Gegensatz zur nahverwandten Speisezwiebel *(Allium cepa),* von der es eine Fülle züchterischer Abwandlungen gibt.

Daß es vom Knoblauch nur ein paar in sich unveränderliche Rassen gibt, bedauern besonders die Knoblauchforscher. Sie sind den vielerlei Wirkstoffen des Knoblauchs auf der Spur und wüßten es zu schätzen, wenn man durch Züchtung die eine oder andere Komponente noch wirkungsvoller machen könnte. Dem liegt freilich die »mechanistische« Auffassung zugrunde, daß es nur die isolierbaren Einzelstoffe sind, die eine therapeutische Wirkung hervorrufen; eine andere Auffassung vom Wesen der Arzneipflanze besagt, daß es für den Heilerfolg darauf ankommt, die Gesamtheit der Inhaltsstoffe in ihrer gegebenen natürlichen Zusammensetzung zu nutzen.

Mindestens so viel läßt sich dazu sagen: daß unterhalb (oder oberhalb) der von uns registrierten Verknüpfungen zwischen Ursachen und Wirkungen noch unzählige andere Zusammenhänge verborgen liegen, die man nur aufzudecken hoffen kann, wenn man sie nicht von vornherein für nichtexistent erklärt.

Knoblauch wirkt antibiotisch, darmreinigend, verdauungsfördernd, auch gegen manche Würmer sowie bei Mund- und Halsinfektionen; ob er auch gegen Arteriosklerose und erhöhten Blutdruck hilft, ist neuerdings umstritten, dagegen scheint es Beweise dafür zu geben, daß er durch Hemmung der Zellteilung bei der Heilung von Tumoren nützlich werden könnte – ein vielseitiges Gewächs also, das dem Gärtner keine Mühe macht, ihn aber reich beschenkt mit Gesundheit und Wohlgeschmack.

Ausgepreßte Knoblauchzehen, dazu heißes Wasser, Butter und Salz: die Knoblauchsuppe ist die einfachste aller Suppen, aber von unübertrefflicher Wirksamkeit bei jeder Unpäßlichkeit des Magens oder des Gemüts, und wer sie einmal von selbstgezogenem, frischem Knoblauch zubereitet hat, wird diesen immer dem gekauften vorziehen. Noch ist es Zeit, die Zehen für die nächste Ernte zu stecken . . .

Was den Holunder angeht, so gibt es drei Sorten von Menschen: Solche, die schon von Brechreiz ergriffen werden, wenn sie Holunder nur von weitem riechen; solche, die Holundersuppe immerhin vertragen; und solche, die darüber hinaus rohe Holunderbeeren mit Milch und Zucker zu essen nicht nur imstande sind, sondern sich darauf sogar freuen.

Jetzt, im September, ist es soweit – die Holunderbeeren (die keine Beeren, sondern Steinfrüchte sind) werden reif. Bei uns sind aber alle drei Menschentypen zu einer Familie vereint. Es ißt also der dritte seine rohen Holunderbeeren und bekommt,

Schwarzer Holunder

wenn der erste außer Haus ist, eine Holundersuppe gekocht, von der der zweite aus Höflichkeit ein wenig mitißt – was ihm nicht schaden kann, denn die Früchte sind reich an Vitaminen und Mineralstoffen.

In manchen Büchern liest man, die rohen Früchte des Schwarzen Holunders *(Sambucus nigra)* seien ungenießbar; andere Autoren vertreten die Meinung, dies gelte nur für unreife Früchte – was schon einleuchtender klingt und ein zusätzlicher Beweggrund dafür wäre, nicht irgendeinen Holunder in den Garten zu holen, sondern bei einer sehr guten Baumschule nach einer der neueren Züchtungen zu fragen, die sich dadurch auszeichnen, daß alle Früchte an einer Dolde zur gleichen Zeit reifen.

Übrigens sind die »Dolden« gar keine solchen, vielmehr handelt es sich um doldenförmige Rispen, »Trugdolden«. Daß die Blüten in Eierteig zu köstlichen Hollerküchlein gebacken werden können, ist allgemein bekannt, hingegen wissen nur wenige, daß man die Beeren zur späteren Verwendung trocknen kann; dabei empfiehlt es sich, die ganzen Dolden aufzuhängen und die Früchte erst nach dem Trocknen abzustreifen. Ein Tee von getrockneten Holunderbeeren wirkt schweißtreibend (wie auch der von den Blüten), löst Magen- und Darmkrämpfe und vertreibt Blähungen – womit die Heilwirkungen des Holunders noch lange nicht erschöpft sind.

Früher hieß der Holunder auch Gemeiner Flieder – im Unterschied zum Spanischen Flieder – und man bereitete aus den Früchten das »Fliedermus«, indem man sie kochte, den Saft auspreßte und zur Stärke eines Sirups einkochte. Aus den Blüten machte man »Fliedermilch«: Die Milch wird mit den Blüten gekocht, abgeseiht, von neuem erhitzt und mit Eigelb abgebunden; das Eiweiß schlägt man zu Schnee, zieht diesen unter die erkaltete Milch und serviert mit Zimt und Zucker.

Auch wer sich von keinem dieser Rezepte verlockt fühlt, sollte die Anpflanzung eines Holunders erwägen: Er wächst in jedem Boden, und zwar so schnell, daß er schon nach ein oder zwei Jahren den Schatten für einen Sitzplatz abgibt, während der »Hausbaum« noch lange nicht soweit ist; man kann ihn auch nach Belieben im Zaum halten, sogar innerhalb einer größeren Hecke. Daß der Holunder das Haus und seine Bewohner vor Feuer, Verhexung, Krankheit und anderen Übeln bewahrt, ist seit Jahrtausenden bezeugt – kein Vernünftiger wird daran zweifeln. Und die stets eintreffenden Heere schwarzer Blattläuse können nur den stören, der sich von schwarzen Läusen stören läßt.

In allen Büchern und Aufsätzen zum »Naturgarten« liest man, daß sich Frösche, Kröten, Libellen, Igel und Buntspechte »von selber« einstellen, wenn man nur der selbsttätigen Natur ihre Freiheit läßt. Dabei wird immer rücksichtsvoll verschwiegen, daß der Igel gerne kleine Kröten frißt . . .

Vor allem aber: Es kann sich nur einstellen, was irgendwo in der Umgebung noch vorhanden ist, und es kommt und bleibt auch nur, wenn der Garten nicht zu klein ist – aber wo ist das beides noch der Fall?

Weit häufiger verhält es sich doch so, daß nicht einmal ein Garten vorhanden ist, sondern nur eine Terrasse oder ein Balkon, und oft hört man die verzweifelte Frage, wie man denn da »biologisch« gärtnern könne.

Natürlich gibt es nichts Unbiologischeres als schmale Balkonkästen, und es ist schwer, darin »biologisch« zu gärtnern. Man kann auf Schädlingsbekämpfungsmittel verzichten und man kann vielleicht sogar ein bißchen Mulch- und Kompostwirtschaft versuchen – aber man kann kein Hügelbeet bauen, keine Mischkultur betreiben und keine Wiese anlegen, und Regenwürmer auf dem Balkon grenzen an Tierquälerei. Was also soll man tun?

Vor allem eines: experimentieren – und nicht darauf warten, daß man unfehlbare Rezepte serviert bekommt. Den Balkongärtner, der da resignierend vor den Geranienkästen steht, sollte man fragen:

Hast du in der Ecke einen Topf mit einer Sauerampferpflanze stehen, von der du zwischen April und Oktober so viel ernten kannst, daß es alle zwei Wochen für eine Sauerampfersuppe reicht? (Die kleingeschnittenen Blätter in Butter gedünstet, mit wenig Brühe abgelöscht, dann mit viel Sahne und Crème fraîche legiert!)

Hast du auf einem kleinen Haufwerk von Ziegeln oder Bimsgrussteinen eine Kolonie von Dachwurzrosetten angesiedelt, die jede Trockenheit verträgt und sich (wie früher als Blitzschutz auf den Dächern) vom eigenen Abfall und vom anfliegenden Staub nährt?

Hast du wirklich alle Möglichkeiten ausgeschöpft, um den Balkonraum mit Kästen, Töpfen, Stellagen und Tonnen zu nutzen?

Hast du in einer solchen Tonne eine Kletterrose oder einen Efeu oder einen Hopfen gepflanzt? Sie werden Jahre überdauern.

Hast du einen Eimer zur Hälfte mit Sand gefüllt, Wasser dazugegeben und Fieberklee, Kalmus, Froschlöffel oder Brunnenkresse darin angepflanzt?

Gedeiht im Blumenkasten, statt der ewigen Geranien, das ausdauernde und immergrüne Bohnenkraut? Oder der Thymian? Oder der Wilde Dost *(Origanum vulgare),* der »Oregano« der Pizzabäcker, der herrlich blüht und keinerlei Ansprüche stellt?

Und so weiter. Ich weiß auch nicht genau, was alles ich auf meinem Balkon, wenn ich nichts anderes als diesen hätte, kultivieren würde. Aber ich weiß, daß ich für den Balkon fast genausoviel Zeit wie jetzt für meinen Garten brauchen würde – so viel gibt es auszuprobieren, zu erforschen, zu tüfteln und zu experimentieren. Natürlich würde vieles mißlingen, anderes nur eine Zeitlang gutgehen. Aber noch der gescheiterte Versuch würde Einsichten und Kenntnisse erbringen, würde ein Stück vom Leben der Pflanzen enthüllen. Auf jedem Quadratmeter unter freiem Himmel können Pflanzen wachsen – und es müssen *nicht* die sein, die man herkömmlicherweise dafür nimmt. Welche es sonst sein können, das muß man ausprobieren, und das sollte man selber ergründen, weil es ja, auch bei der Balkongärtnerei, nicht darauf ankommt, eine vorschriftsmäßige Dekoration zu erstellen, sondern darauf, daß man mit Pflanzen umgeht und die täglichen Entdeckungen und Überraschungen erlebt, die einen erwarten, wenn man sich auf sie einläßt.

Was nun die Tiere im Garten angeht, so wüßte ich zur Zeit vor allem zu berichten, daß die Elstern aus den neuen Fenstern des Schafstalls den ganzen Kitt herausgepickt haben. Offenbar war die Mischung aus Leinöl und Kreide nach ihrem Geschmack. Ferner hat der Kohl-Erdfloh (der kein Floh, sondern ein zu Flohsprüngen fähiger kleiner schwarzglänzender Käfer ist) die Blätter der Broccoli-Sämlinge so perfekt perforiert, daß es reizend anzusehen, für die Sämlinge aber tödlich war. Die winzigen Käfer abzusammeln, erwies sich als unmöglich, weil sie unglaublich schnell reagierende Springer sind. Bei dem Versuch, im Bestimmungsbuch wenigstens ihren Namen zu erfahren, kam mir zum Bewußtsein, daß wir uns viel zuwenig um diese kleinen und kleinsten Gartengenossen kümmern – kaum ein paar Namen kennen wir, und noch weniger die Anatomie, die Physiologie, den Lebenszyklus und die Lebensgewohnheiten von Käfern, Fliegen, Hummeln und Würmern. Wenn schon die Kröten und Eidechsen nicht kommen, sollten wir uns wenigstens mit jenen noch nicht völlig vertriebenen Wesen befassen. Wissen wir denn, welche verschiedenen Spinnenarten in unserem Garten (oder auf dem Balkon) leben? Haben wir schon einmal wahrgenommen, daß es mehr als eine Art Regenwurm oder Nacktschnecke oder Assel gibt? Wissen wir, mit welchen und mit wieviel hundert verschiedenen Lebewesen wir auf kleinem Raum zusammenleben? Ein paar Bücher, eine Lupe, eine Pinzette – nichts weiter brauchen wir, um endlich auch diese Dimension des Gartens zu entdecken.

Wer das für folgenlose Kleinkrämerei hält, der irrt: Weit mehr als alle theoretische Kenntnis von ökologischen Zusammenhängen kann uns die bewußte Wahrnehmung des tatsächlichen Vorhandenseins so vieler und so unterschiedlicher Lebewesen davon abhalten, ihnen feindlich und vernichtend zu Leibe zu rücken.

Wer, wenn er die Einwohnerliste des Gartens aufzustellen beginnt, über die ersten zwei Dutzend hinausgediehen ist, der wird sich fortan eher selber wie ein Störenfried vorkommen, als daß er jene zwei Dutzend noch als feindliche Eindringlinge zu sehen vermöchte.

Auch über den Maulwurf sollte man sich nicht ärgern, schon deshalb nicht, weil wir ja inzwischen wirklich froh sein müssen über jedes Lebewesen mit vier Beinen, das aus freien Stücken zu uns kommt. Der Maulwurf kommt zum Arbeiten: Er durchlüftet den Boden und nimmt als Lohn nur Erdraupen, Rüsselkäferlarven und andere Wurzelschädlinge; niemals geht er an irgendwelche Pflanzen, höchstens gräbt er Hohlräume im Wurzelbereich, die man leicht wieder festtreten kann. Nicht einmal seine Erdhaufen sollte man dem Maulwurf übelnehmen: Hier hat er mit den Schaufelzinken seiner Vorderpfoten Erde aus tieferen Regionen losgekratzt und nach oben befördert, und die Erde dieser Haufen ist die lockerste, feinste, gleichmäßigste Erde, die man sich zur Aussaat oder zum Pikieren nur wünschen kann; auch als Blumentopferde ist sie gut geeignet, nicht zu nahrhaft, ziemlich frei von Unkrautsamen – ein Geschenk. Wer gerade keine Verwendung dafür hat, mag sie in einen Plastiksack abfüllen, diesen mit Luftlöchern versehen und so aufbewahren, daß sich keine Asseln darin einnisten können.

Gerade jetzt ist auch die Zeit, in der man die meisten Regenwurmhäufchen findet, manchmal eines neben dem anderen. Das ist bekanntlich eine vom Regenwurm durchgekaute, mit Nährstoffen und Schleimstoffen angereicherte Erde von ganz besonderer Güte und mit einer gleichmäßigen Krümelstruktur. Natürlich sollte man froh sein, wenn der Boden von den Regenwürmern auf diese Weise fortwährend durchgearbeitet und das organische Material so gründlich zerkleinert wird – und man sollte also die Regenwurmhäufchen lassen, wo sie sind. Ich könnte es aber verstehen, wenn jemand einmal einen Blumentopf voll solcher Häufchen einsammeln und, um sich ihre Güte augenfällig zu machen, zum Beispiel anspruchsvolle Gehölzsämlinge darin aufziehen würde. Allerdings dürfte er diese Erde nie ganz austrocknen und nie zu naß werden lassen, um ihre Feinstruktur nicht zu zerstören.

Niemand hat über die Regenwürmer so viele (eigene und fremde) Beobachtungen zusammengetragen wie Charles Darwin in seinem Buch ›Die Bildung der Ackererde durch die Thätigkeit der Würmer‹, das vor einiger Zeit als Nachdruck einer alten deutschen Übersetzung wieder erschienen ist. Von all den darin mitgeteilten Beobachtungen beschäftigt mich am meisten die, daß Regenwürmer den größten Teil der Blätter, die sie in ihre Gänge hineinzuziehen pflegen, an der Spitze ergreifen, nur einen kleinen Teil an der Breitseite und den geringsten an der Basis. Darwin hat darüber genaue statistische Feststellungen getroffen und wirft mit Recht die Frage auf, wie denn der blinde Regenwurm überhaupt imstande sein könne, die Gesamtgestalt des Blattes zu erfassen und dann die »richtige«, nämlich die zweckmäßigste Seite zu wählen. Nach Erörterung aller Möglichkeiten entschließt sich Darwin für die Annahme, daß die Regenwürmer, »obgleich sie in der Stufenleiter der Organisation tief stehen, doch einen gewissen Grad von Intelligenz besitzen«. Und den Skeptikern hält er entgegen: »Es darf wohl bezweifelt werden, ob wir genug von dem Nervensystem der niederen Thiere wissen, um unser natürliches Mißtrauen in eine solche Schlußfolgerung zu rechtfertigen.«

Darüber könnte man nachdenken – und man könnte auch, auf Darwins Spuren, einmal zu beobachten versuchen, wie eigentlich ein Regenwurm vorgeht, wenn er ein Blatt ergreift. Tastet er es ab, »erkennt« er die Gestalt, erfühlt er die Spitze? Da sieht man, wie wenig wir oft von dem wissen, was sich im Garten ereignet.

Oktober

Die Natur mulcht während des ganzen Jahres, aber im Oktober gibt es einen Höhepunkt: Zu allem anderen, was welkt und zu Boden fällt, kommen die Blattmassen der laubabwerfenden Bäume, ungeheure Mengen an Mulchmaterial von feinster Beschaffenheit. Wo immer möglich, sollte man das Fallaub als schützende Winterdecke liegen lassen. Es verhindert die gefährliche Austrocknung des Bodens im Winter (viele Pflanzen, von denen man meint, sie seien »erfroren«, sind in Wirklichkeit vertrocknet) und wirkt wie ein Vorratsdünger, dessen Inhaltsstoffe durch die Verrottung nach und nach freigesetzt werden.

Auf Staudenbeeten kann eine zu dichte Laubdecke allerdings auch von Übel sein, weil viele Pflanzen schon im Herbst das erste Grün des nächsten Jahres entwickeln und dann unter Luftabschluß den Winter über verfaulen; auch manche Wurzelstöcke, wie die der Päonie (Pfingstrose), sind dagegen empfindlich.

Von den sogleich einsetzenden Verrottungsvorgängen in der Mulchschicht kündet der leise Modergeruch, der herbstliche Gärten durchzieht: Die Bodenpilze sind am Werk, solange die Temperaturen ihnen noch zuträglich sind. Das sind flüchtige Düfte, die man nicht bewahren kann. Ein Glas mit trockenem Pappellaub riecht schon nach ein paar Wochen nicht mehr würzig, sondern nach leerem Stroh. Eine Duftbibliothek, die alle Düfte dieser Welt in Phiolen aufbewahrt, müßte immer unvollständig bleiben, weil viele Düfte gleich wieder vergehen und auf keine Weise zu konservieren sind. Auf ihre Zeit muß man Jahr für Jahr von neuem warten.

Dem Moderduft, der ans Vergehen mahnt, kontrastiert aber ein doppeltes Blühen im herbstlichen Garten: Herbstastern, Rudbeckien, Chrysanthemen und viele andere Gartenpflanzen leuchten jetzt auf, vor allem in blauen und gelben Tönen, und auch die Laubfärbung der Bäume ist ja eine Art letzter, kurzer Blüte. Die Biologen vermögen uns ziemlich genau zu sagen, welchen Stoffwechselvorgängen die einzelnen Farben ihre Entstehung verdanken; die Inhaltsstoffe der Blätter werden umgebaut und abgebaut und als Speicherstoffe in Stamm und Wurzel zurückgeleitet; die Zwischenstufen oder Reste dieser Prozesse sind die Herbstfarben.

Ihre Farbwirkung hat keinerlei biologischen »Zweck« – aber es bleibt doch bemerkenswert und eindrucksvoll, daß hier die Lebensgeste des Aufflackerns vor dem Vergehen, die es bei Tieren und Menschen in unzähligen Varianten gibt, auch bei Pflanzen auftaucht, als eine letzte große Anstrengung vor dem Übergang in die Winterruhe.

Die leuchtende Blattfärbung wandelt sich von Tag zu Tag und ist von Baum zu Baum verschieden. Häufig sind die Farben des Feuers, rot und gelb, dazu kommen Braun- und Lilatöne, selten ist das besonders auffällige, zum Bläulichen hin gebrochene Rosa, wie es etwa das Pfaffenhütchen zeigt.

Nur in sehr großen Gärten und Parks läßt sich die Pflanzung auf das Zusammenspiel solcher Wirkungen hin planen; im kleinen Garten kann man bei der Wahl des Hausbaumes auf die Herbstfärbung achten; auch bei Auswahl von Heckenpflanzen sollte man daran denken.

Die verschiedenen Ahorn-Arten haben die herrlichsten Färbungen – übrigens nicht nur im Herbst, sondern schon im Frühjahr bei Blüte und Austrieb, den gelben und roten Vorstufen des Grüns. Schneeball und Hartriegel, Zaubernuß und Felsenbirne, Perückenstrauch und Wilder Wein – besser als jede Liste belehrt ein herbstlicher Gang durch Gärten und Anlagen über die farbliche Eigenart der einzelnen Gehölze. Was ich am wenigsten missen möchte, ist das fast unwirkliche Geld des Ginkgo-Baumes.

Von allem, was jetzt blüht, erwähne ich nur zwei Pflanzen, die immer noch vernachlässigt werden: die Gelenkblume und die Herbstzeitlose. Die Gelenkblume *(Physostegia virginiana)* hat ihren Namen daher, daß ihre Blüten, die ährenförmig in vier langen Reihen übereinander angeordnet sind, sich wie ein Hebel nach rechts und links drehen lassen – auch eine Eigenschaft übrigens, für die keinerlei Zweck ersichtlich oder nur denkbar ist, obwohl es ganz erheblicher Mutationen bedarf, um die Ansatzstelle des Kelches am Stengel derart zum Gelenk umzugestalten.

Die Gelenkblume kommt als Zierpflanze aus Nordamerika, ihre weiße Sorte blüht im September, die violette Sorte »Vivid« bis in den November hinein. Sie liebt Sonne und etwas feuchteren Boden, ansonsten ist sie ganz anspruchslos und gehört übri-

Herbstzeitlose

gens zu den wenigen Pflanzen, die ohne das geringste Zeichen eines Schocks das Verpflanzen auch während der Blüte vertragen.

Die Herbstzeitlose *(Colchicum autumnale)* kann man sogar trocken auf dem Fensterbrett erblühen lassen und dann erst einpflanzen. Erst im Frühjahr treibt sie, für wenige Monate, ihre großen Blattschöpfe, die man erst abschneiden darf, wenn sie wirklich ganz verwelkt sind. Es ist erstaunlich, in welche unwirtlichen Ecken des Gartens man die Herbstzeitlose verbannen kann, ohne ihr weiteres Fortkommen im geringsten zu gefährden: Jahr für Jahr und immer reicher erscheinen die blaßvioletten Blüten.

Viel zu wenig nutzt man in unseren Gärten diese – und viele andere – Möglichkeiten, durch Zwiebel- und Knollenpflanzen fast ohne pflegerische Mühen eine sich durchs ganze Jahr ziehende Vielfalt in den Garten »einzubauen«, sei es als leise Untertöne oder als Paukenschläge, die selbst dann noch verblüffen, wenn man sie erwartet. Jenseits des üblichen, in Gartengeschäften angebotenen bescheidenen Sortiments liegt eine Fülle, die es erst noch zu erkunden gilt.

Auch von der Herbstzeitlosen gibt es, neben vielen anderen Sorten der einheimischen Art, noch mehrere Arten aus anderen

Ländern, am schönsten vielleicht die makellos weiße Form von *Colchicum speciosum* aus dem Kaukasus.

Im Oktober beginnen viele pflichtbewußte Gärtner damit, einen großen Unfug zu zelebrieren, der zwar eine ehrwürdige Geschichte hat, aber weit mehr Schaden als Nutzen bringt: Wo nichts mehr wächst und blüht, unter Gehölzen und auf Beeten, da graben sie den Boden in groben Schollen um und lassen ihn so über den Winter gehen. Die Erde, so behaupten sie, müsse durchfrieren und erlange auf diese Weise eine »Frostgare«, eine feine krümelige Struktur, und dies sei die beste Vorbereitung für alles Säen und Pflanzen im nächsten Jahr. Das Gegenteil ist der Fall. Die Humusschicht voller Leben, die sich im Laufe des Jahres gebildet hat, wird in Spatentiefe begraben, wo ihren zahlreichen Bewohnern die Luft zum Atmen und die Lust zum Arbeiten genommen ist; und die tieferen Schichten, mehr mineralisch als organisch, werden nach oben geholt, wo sie zwar in der Tat zu Krümeln zerfrieren – aber ein einziger Frühjahrsregen genügt, um diese Krümel zu verschlämmen; was schließlich bleibt, ist eine hart verbackene Oberschicht, in der sich erst ganz langsam wieder Leben ansiedelt.

Weit besser also, den Boden mit einer schmalen Ziehhacke vorsichtig zu lockern und zu lüften (sozusagen »auf der Stelle«, also ohne jede größere Verwerfung), mit Laub und abgeschnittenen Pflanzenteilen zu bedecken oder, wenn es die Temperaturen noch erlauben, Senf auszusäen, der beim ersten Frost umfällt und den Humus schützt.

Wer die eingesparte Zeit dazu benutzt, die Gartenabfälle möglichst klein und immer noch kleiner zu schneiden, damit ihre Zersetzung beschleunigt wird, der sorgt für eine echte Krümelstruktur – denn diese beruht nicht, wie die Anhänger der »Frostgare« meinen, auf dem mechanischen Zerfall von Erdklumpen, sondern auf der losen, von Schleim- und Mineralstoffen verursachten, luftdurchlässigen Verbindung organischer und anorganischer Bodenteilchen.

Ein fast noch schlimmerer Aberglaube als der an die Frostgare verführt viele Gärtner dazu, den umgegrabenen Boden zum Schluß mit einer Schicht von Torf zu bedecken. Das sieht zwar ordentlich aus, bringt aber mehr Schaden als Nutzen: Soweit der Torf nicht weggeweht wird, führt er zu einer von Jahr zu Jahr zunehmenden Versauerung des Bodens, also zu der Reaktion, die nur den Moorbeetpflanzen zuträglich ist und bei vielen anderen Pflanzen zu allerlei direkten und indirekten Schäden führen kann. Am unsinnigsten ist das Abdecken der Rosen mit Torf: Der saure Boden macht sie unfehlbar anfällig für Pilzkrankheiten aller Art. Ganz abgesehen davon tragen die ordentlichen Torfgärtner mit jedem Sack, den sie verbrauchen, zur Erschöpfung unserer Torflager und zur Zerstörung unserer vorletzten Moore bei. Biotopschutz heißt auch: auf Torf im Garten zu verzichten.

Die Erntezeit im Gemüsegarten ist noch nicht vorbei: Jetzt ist die hohe Zeit der Kohle aller Art. Der botanische Name ist für alle bei uns gebräuchlichen Kohlarten derselbe: *Brassica oleracea.* Das heißt, daß Rosenkohl und Grünkohl, Kohlrabi und Wirsing, Blumenkohl und alle anderen nichts sind als Variationen einer einzigen Pflanzenart. Die Urform, den Wildkohl, findet man heute noch an den europäischen Küsten des Atlantik, angeblich auch auf Helgoland, doch sind die Botaniker inzwischen darauf gekommen, daß es sich bei dem Helgoländer Wildkohl wohl nur um rückentwickelte Kulturformen handelt, was um so eher denkbar ist, als die meisten Kohlsorten eigentlich gräßliche Mißbildungen sind, jedoch von solcher Lebenskraft, daß sie nicht nur selber unverändert fortbestehen, sondern auch aus sich heraus wieder ihre Ahnform erzeugen können.

Der Ruf des Kohls als Heilmittel für mancherlei Gebresten war zu allen Zeiten groß, schon bei den alten Römern, seine Nahrhaftigkeit unbestritten, und wer bei dem Wort Kohl die Nase rümpft, der kann nur ausgelaugten, totgekochten und ungeschickt gewürzten Kohl vorgesetzt bekommen haben. In Wahrheit sind alle Kohlarten, vorsichtig gedünstet (manche auch leicht angebraten) und weise gewürzt, wahre Delikatessen.

Für den kleinen Hausgarten haben sie freilich den Nachteil, daß sie viel Platz brauchen und daß man (unbedingt!) die Pflanzfläche für Kohl auch noch jedes Jahr wechseln muß, mit möglichst großen Pausen, damit es die sehr zahlreichen Kohlschädlinge nicht zu leicht haben; dem gleichen Zweck dient auch die vernünftige Vorschrift, daß alle Kohlreste und Strünke weder als Mulchmaterial genommen noch auf den Kompost gegeben, sondern verbrannt oder sonstwie beseitigt werden.

Mit einer, zeitlich aber begrenzten Ausnahme: Vom Grünkohl, dessen Blätter erst richtig schmecken, wenn sie Frost abbekommen haben, läßt man die abgeernteten Strünke in der Erde stehen; im Frühjahr sprießt dann aus jeder Blattachsel eine kleine Kohlrosette; diese »Jugendform« des Grünkohls heißt dann nicht mehr Grünkohl, sondern »Sprossenkohl«, und ist, auch ohne Frost, ein zartes Frühgemüse, das sich noch viel zu viele Grünkohl-Gärtner entgehen lassen. Wer will, kann das neue Kohl-Jahr schon jetzt beginnen, indem er Wirsing aussät. Ich muß allerdings hinzufügen, daß ich das nur vom Hörensagen weiß und erst in diesem Jahr zum ersten Mal ausprobieren werde.

Es sind ja jetzt mancherlei Plätze im Garten frei, die erst im Frühling wieder besetzt werden – und bis dahin soll der Wirsing erntereif sein, freilich nicht in Form fester Köpfe, sondern zur blattweisen Ernte. Nicht alle Sorten sind dafür geeignet; man muß also den Text auf der Samentüte daraufhin prüfen, ob von Frosthärte die Rede ist. Man sollte eine Reihe aussäen, für beständige Feuchtigkeit sorgen und die Sämlinge später verpflanzen.

Übrigens spricht nichts dagegen, daß man sich mit drei oder vier Pflanzen begnügt, wenn der Platz nicht reicht. Das gilt auch für die meisten anderen Gemüsearten: Warum sollen nicht irgendwo drei Brokkoli-Pflanzen stehen, oder drei Dicke Bohnen, deren Ertrag für eine kleine Mahlzeit genügt und deren weiße Blütenstände besonders dann gut zur Geltung kommen, wenn sie von schwarzen Blattlaus-Kolonien bedeckt sind; oder vier Radicchio-Pflanzen, die man ab Juli aus dem Samen herangezogen hat. Es muß nicht immer ein ganzer Gemüsegarten sein; aber für manchen sind solche bescheidenen Experimente schon die ersten Schritte auf dem Weg zum richtigen Gemüsebeet gewesen.

Was den im Oktober gesäten Wirsing angeht, so düfte es wohl zweckmäßig sein, die Sämlinge durch einen kleinen Wall aus Mulch zu schützen oder ihnen ein Einmachglas als »Gewächshaus« überzustülpen. Natürlch kann man auch geschlitzte oder gelochte Folie als Schutzdach darüberlegen. Ich muß aber bekennen, daß mir der ganze neuzeitliche Folienkram im Garten nicht gefällt, weil die glatten Laken genauso tot und scheußlich aussehen wie fast alles, was aus Plastik gemacht wird. Da werden dann ganze Gärten mit solchen Leichentüchern überzogen, und es wird ein ungeheurer Aufwand betrieben nur zu dem Zweck, den Salat oder die Erdbeeren ein paar Tage eher zu ernten – als bestünde der Gipfel aller Gartenkunst in der »Verfrühung«. Mir kommt es immer so vor, als werde in solchen Gärten mehr mit ingrimmigem Ehrgeiz als mit gelassener Freude gearbeitet.

Ich räume gern ein, daß manche Folien wirklich ihre Vorteile haben – aber ich finde es trotzdem barbarisch, Erdbeeren in schwarze Plastikplanen zu pflanzen oder weiße »Tunnel« aufzustellen. Die meisten Vorteile der Folien-Unkultur wären auch zu erlangen, wenn man den altmodischen »Wanderkasten« wiederentdeckte. Das war, im einfachsten Falle, ein Kistenrahmen aus vier Brettern mit einer Glasscheibe als Deckel, und man konnte ihn nach Bedarf an jeder Stelle des Gartens verwenden. Ein paar solcher Kästen in handlichen Formaten und mit Plexiglasscheiben (weil Glassplitter in der Gartenerde etwas Teuflisches sind), vielleicht aus vier Zentimeter starken Brettern gefügt, damit man zwei oder drei übereinandersetzen kann – und der ganze Folienspuk wird überflüssig.

Noch häßlicher als die Folienbeete in den Hausgärten sind freilich die mit weißem Kunststoff und alten Autoreifen bedeckten Silagehaufen der Landwirte; sie versinnbildlichen auf ihre Weise die Brutalität, mit der die Landwirtschaft heute betrieben wird. Vieles von dieser Brutalität bleibt ja unsichtbar – aber plötzlich gewinnt es dann Gestalt in solchen Monumenten der Häßlichkeit.

Früher gab es für die Vergärung des Grünfutters tief in die Erde reichende betonierte Silos. Wir fanden im Garten so ein Silo vor, das sich mit Regenwasser gefüllt hatte, und wollten es als kleinen Teich nutzen. Wir brachen die Umfassungsmauern ab – aber wir hatten auch die Spitze Schlammschnecke mit eingeschleppt, und die fühlte sich so wohl, daß sie sich unmäßig vermehrte; bis auf den heutigen Tag haben die Schnecken verhindert, daß in dem schönen Becken irgend etwas anderes wächst als nur ein dichter Teppich der Kleinen Wasserlinse *(Lemna minor)*. Es wird uns nichts übrigbleiben, als eines Tages das ganze Silo leerzupumpen, um die Schnecken zu vertreiben.

Dafür haben sich auf der groben Bruchfläche der Umfassungsmauer sehr schnell Flechten und Moose angesiedelt. Jetzt, nach drei Jahren, ist kaum noch etwas vom Beton zu sehen, wohl aber die langsam wachsenden Flecken von Blatt- und Krustenflechten, dazwischen kleine Moospolster. Das Vorhandensein der Gelbflechte *(Xanthoria parietina)* läßt auf Stickstoffreichtum schließen. Im Laufe der Jahre wird sich das Bild immer wieder wandeln; die Flechten werden sich ausbreiten, wohl auch von den Moosen überwuchert werden, und wo sich in kleinen Vertiefungen genug Staub und Feuchtigkeit ansammelt, werden irgendwann die ersten Sämlinge von Gehölzen oder Blütenpflanzen wenigstens eine Zeitlang leben können: Die Besiedelung eines Pionierstandortes vollzieht sich hier auf einer sehr kleinen Fläche wie in einem Modell.

Faszinierend ist nicht nur die Schönheit der Flechten (die sich freilich erst unter der Lupe richtig zeigt), sondern auch die Beharrlichkeit, mit der die winzigen Pflanzen Millimeter für Millimeter diesen »Biotop« erobern. Natürlich geschieht das auch bei jedem anderen Stein, etwa an Treppenstufen, oder auf alten Holzstücken – aber es bleibt meist unbemerkt, und manchmal fehlt es auch an genügender Rauhheit des Untergrundes, die das Haften und Gedeihen der ersten angeflogenen Sporen begünstigt. Man sollte also gezielt aus Betonbrocken oder rauhen Steinen solche Flächen schaffen. Es sind lebende Bilder, und wenn wir ihre Verwandlungen geduldig beobachten, kann uns selbst hier, im Allerkleinsten, das Ausmaß der großen Verwüstung zum Bewußtsein kommen: Zahllose Moos- und Flechtenarten sind längst dem von uns produzierten Dreck zum Opfer gefallen, das heißt: Nicht nur die große Lebensgemeinschaft des Waldes ist gefährdet, nicht nur die Zahl der Blütenpflanzen geht zurück, sondern auch die scheinbar so robusten, anspruchslosen, urtümlichen Pflanzenwesen, die selbst auf kahlem Fels noch gedeihen, sterben unter dem giftigen Aushauch dessen, was wir unsere Zivilisation nennen. Die Kerze brennt von beiden Seiten, sie verzehrt die großen Schönheiten und die kleinen Wunder, aber selbst so lächerliche Opfer wie das eines Tempolimits erscheinen uns und unseren ebenso beschränkten wie arroganten Politikern zu groß, um damit wenigstens den Versuch einer Notbremsung einzuleiten.

Andrea von Kirschbaum, eine Gymnasiastin aus Krailling, hat in einer Facharbeit für den Biologieunterricht an einem anderen Beispiel dargetan, wieviel Leben selbst in einem scheinbar ganz unbedeutenden und begrenzten Biotop sich zäh zu behaupten versucht, ähnlich wie die Flechten auf rauhen Steinflächen. Sie hat die zwei Fahrrinnen eines einzigen Waldweges während einer Vegetationsperiode beobachtet und nach den Regeln der Wissenschaft vermessen (angeregt übrigens unter anderem durch eine wissenschaftliche Arbeit von U. Joger, ›Die wassergefüllte Wagenspur‹). Da zeigt sich dann, daß in diesen Kleinstgewässern bedeutende Stoffumsetzungen vor sich gehen, daß Algen und Wasserpflanzen und zahlreiche Insektenlarven (darunter auch Libellenlarven!) hier ihre Entwicklung absolvieren und daß ein einziger Wagen zur falschen Zeit, nämlich während des Sommers, fast alles zunichte machen kann, was sich als vielfältig miteinander vernetzte Lebensgemeinschaft aufgebaut hat.

Die Lehre für den Gärtner könnte lauten, daß er, wie jene Schülerin, den kleinen und abseitigen Winkeln des Gartens mehr Aufmerksamkeit zuwendet, sie nicht sauberputzt, sondern zusieht, was sich einnistet in Pfützen und Fugen, im Briefkasten am Gartentor (wo gerne Spinnen wohnen), unter Brettern und Steinen. Ein solcher Gärtner wird immer wieder dafür sorgen, daß sich irgendwo Rinnsale bilden, Höhlungen, Verfilzungen – kurz: Unordnungen, die einer höheren Ordnung des lebendigen Zusammenhangs erst Raum und Substanz bereitstellen.

Um diese Jahreszeit lernt man die Pflanzen schätzen und bewundern, die keine Jahreszeit kennen, sondern unentwegt weiterwachsen oder sogar blühen. Die Vogelmiere *(Stellaria media)* gehört dazu. Sie ist überall verbreitet und wird in den Gärten als Unkraut gejätet. Wer Platz genug hat, mag ihr eine nicht zu

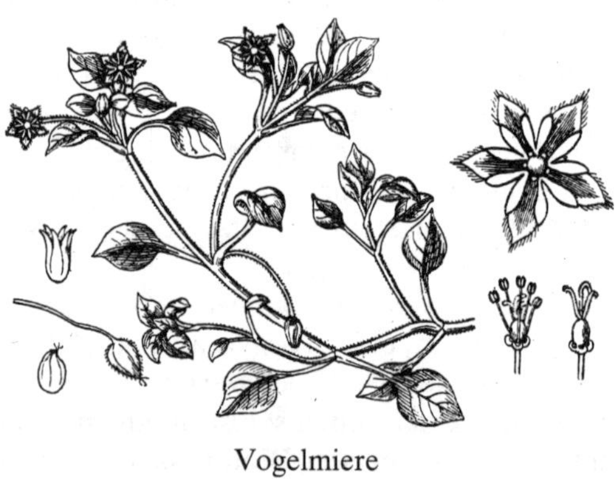

Vogelmiere

dunkle Stelle mit sehr nährstoffreichem Boden zuweisen und sie dort sich selbst überlassen. Die Vogelmiere wird einen lockeren Busch aus weichen, übereinanderliegenden Stengeln bilden, mit fleischigen eiförmigen Blättern, die um so größer sind, je nahrhafter die Erde. Stengel und Blätter sind eßbar, sie schmecken nach nichts anderem als nach frischem Grün und lassen sich mit Kräutern zu einem kleinen winterlichen Salat mischen oder gehackt auf ein Quarkbrot streuen. Wer die Vogelmiere nicht aufißt, sollte sie stehenlassen und keinesfalls jäten: Sie überspinnt jetzt schützend den Boden und die Rosetten der zweijährigen Pflanzen, auch die an der Erdoberfläche liegenden Triebknospen der Stauden, und im Frühjahr läßt sie sich um so leichter entfernen, als jeder Vogelmierenbusch nur mit einer einzigen dünnen Hauptwurzel in der Erde verankert ist; tiefer unten erst verzweigt sich ein hauchzartes Wurzelgeflecht, das den Boden lockern und lüften hilft.

Manchmal ist die Wirklichkeit ein gutes Kabarett: Da klingelt das Telefon, und am anderen Ende ist der Redakteur der Werkszeitschrift eines großen Chemiekonzerns. Er habe gehört, sagt der Redakteur, wir hätten eine Sammlung von 125 alten Apfelsorten zusammengetragen, um sie vor dem Aussterben zu retten; das sei doch ein lobenswertes Unternehmen und so recht geeignet, den Lesern seiner Zeitschrift als produktive Umweltarbeit vorgestellt zu werden – zumal ja seine Firma gleichfalls aktiven Umweltschutz betreibe.

Das muß man sich auf der Zunge zergehen lassen: Da werden binnen weniger Jahrzehnte durch eine schwachsinnige Agrarpolitik (an der die Agrochemie entscheidend mitgewirkt hat, ja, die ohne Chemie gar nicht möglich gewesen wäre) unter anderem die alten Obstbäume systematisch ausgerottet, um Platz zu schaffen für chemisch manipulierte Monokulturen und ihre maschinelle Bearbeitung – und nachdem das Werk vollendet und die alte Sortenvielfalt dahin ist, kommt ausgerechnet eine Chemiefabrik und findet den verzweifelten Versuch, ein paar Überreste zu retten, lobenswert und interessant genug für die Werkszeitschrift. Manchmal ist die Wirklichkeit ein gutes Kabarett.

Kaum nötig zu bemerken, daß der Redakteur keinerlei Verständnis zeigte für meinen dringenden Wunsch, er möge doch bitte *nicht* über die Apfelsammlung berichten – und noch weniger Verständnis für die Begründung dieses Wunsches. Daß es einen Zusammenhang zwischen Chemie und Sortensterben gibt, leuchtete ihm nicht ein. Und übrigens sei auch er dagegen – sagte der Redakteur –, daß man jedes Unkrauthälmchen gleich in Herbiziden ertränke. Wenn das die Vertriebsabteilung wüßte!

Ein beliebtes Objekt des Reinlichkeitswahns ist der handbreite Streifen Erde, der bei vielen Gärten zwischen Zaun und Bürgersteig liegt. Man hält ihn peinlich sauber, mit Chemie oder mit der Schuffel, und das Ergebnis ist in beiden Fällen nackte Erde, adrett und grau.

Hier ließe sich, wenn man die mißbilligenden Blicke der Nachbarn nicht scheut, ein durchaus »natürliches« Refugium für Ruderalpflanzen einrichten, für jene Pflanzen also, die zur Keimung und zum Gedeihen offenen, »gestörten« Boden brauchen und von denen sich die meisten – immer noch – selber ansiedeln, vor allem die Einjährigen, die gewissermaßen die Vorhut bilden: Vogelknöterich, Vogelmiere, Acker-Hahnenfuß, Erdrauch, Wegrauke, Hirtentäschel, Sonnenwend-Wolfsmilch, Acker-Gauchheil, Knopfkraut und viele andere; wenn man Glück hat, taucht manchmal auch der Klatschmohn wieder auf.

Man kann diese Pionierpflanzen gewähren lassen, vielleicht auch einzelne Arten etwas dezimieren, um den anderen Raum zu schaffen. Auf die einjährigen Arten folgen, wenn man nichts unternimmt, bald die ausdauernden: Ackerwinde, Natterkopf, Wegmalve, Huflattich, Acker-Gänsedistel, um nur ein paar zu nennen. Man kann auf dem Streifen eine »Sukzession« sich vollziehen lassen, also die selbsttätige und fast gesetzmäßige Abfolge bestimmter Pflanzen und Pflanzengesellschaften, und man sollte dann alle auftauchenden Arten zu bestimmen versuchen und über die Abfolge Buch führen: Erst dann wird einem richtig bewußt, wie sehr man gewöhnlich den Reichtum dieser Wegrandflora unterschätzt – nicht zu reden von der Fauna, die sich hier alsbald einstellt: Käfer, Spinnen, Hautflügler.

An solchen Stellen die Ruderalflora gewähren zu lassen, kostet nichts, nicht einmal Platz, und vielleicht ließe es sich auf die Dauer doch erreichen, daß die Nachbarn nicht mehr mißbilligend blicken – sobald sich herumgesprochen hat, welche Absicht dahintersteckt.

November

»Schneewittchen« ist eine schier unermüdliche Rose, eine der Sorten, die bis zum ersten Frost blühen und sogar danach an jedem wärmeren Tag noch versuchen, ein paar Knospen zu entfalten. Schon wegen dieser Eigenschaft sollte man ihr den Vorzug geben vor allerlei patentierten Neuheiten der Rosenzüchtung, wie sie in so vielen Vorgärten stehen und, in beißenden Farbmischungen, das Staunen der Passanten erregen sollen.

Viel staunenswerter erscheint mir »Schneewittchen« mit einer Unterpflanzung von Lavendel, der zur Hauptblüte eine blaue Wolke unter die weiße legt und während der restlichen Zeit des Jahres silbrig-graugrün schimmert. Solche guten farblichen Nachbarschaften ergeben sich oft durch Zufall oder durch Ausprobieren, aber man sollte auch die aus langer Erfahrung kommenden Vorschläge der Staudenkataloge nicht geringschätzen.

Wenn der Boden nicht gefroren ist, kann man auch jetzt noch umpflanzen. Man sticht die Stauden mit großen Ballen aus und versenkt sie in ein hinreichend großes, eher etwas tieferes Pflanzloch, weil sie bestimmt ein wenig hochfrieren. Solange der Schnee nicht die Erinnerungen des Sommers vewischt hat, weiß man jetzt noch, wo eine Farbe zur unrechten Zeit am unrechten Ort aufgetaucht ist. Wer Lust hat, findet auch im November genug im Garten zu tun und kann manches im voraus erledigen, wozu im Frühjahr die Zeit nicht reicht.

Was er nicht tun sollte: Unkraut jäten und welke Stauden abschneiden, wie es die Arbeitskalender für den November vorschreiben. Was jetzt an Unkraut wächst, ist durchweg harmlos, dient dem Schutz des Bodens vor nacktem Frost und darf deshalb bis ins Frühjahr bleiben. Und was die welken Stauden angeht, so werden sie entweder von den Stürmen umgeweht und als luftige Decke über den Boden geworfen – oder sie bilden, wenn Reif und Schnee kommen, bizarre Gerüste für phantastische weiße Skulpturen.

Der Sommergarten ist Malerei, der Winter-Garten Zeichnung und Plastik. Nie kommen wir damit zu Ende, seine Details sehen zu lernen, die verstecktesten Reize endlich aufzufinden, zum Beispiel: die unendlich feine, wie mit schwarzer Tusche sorgfältig aufgetragene Zeichnung auf den ausgebleichten Stengeln der Syrischen Seidenpflanze *(Asclepias syriaca)*, Jahr für Jahr ein neues Musterbuch graphischer Variationen aus schwarzen Flächen und feinster Punktierung. Übrigens stammt die Syrische Seidenpflanze nicht aus Syrien, sondern aus Nordamerika, und aus den langen Samenhaaren kann man auch keine Seide spinnen, so oft man es mit den verschiedensten Methoden versucht hat. Aber der Duft ihrer Blüten ist betäubend und das Gelb der herbstlichen Blätter frappierend.

Der Rat, Verwelktes nicht abzuschneiden, sondern dem Wind zu lassen, gilt besonders für die Gräser. Mit Gräsern meine ich nicht das entsetzlich pompöse Pampasgras, auch nicht die anderen üblichen »Ziergräser«, sondern die Fülle der Wildgräser, von der man sich wenigstens Beispiele in den Garten holen sollte. Viele von ihnen sind noch allenthalben auf Wegen und Wiesen anzutreffen, viele andere gehen ihrer Ausrottung entgegen – die Ursachen ihres Sterbens braucht man nicht mehr aufzuzählen. Manche Gräser bilden Ausläufer, müssen also mit Vorsicht behandelt werden, andere wachsen zu schönen Horsten heran.

Reizvoll sind die Hainsimsen *(Luzula)* mit ihren weiß bewimperten Blättern, die Seggen *(Carex)* mit oft höchst eigenartigen

Hainsimse

Blütenständen, die Perlgräser *(Melica)* oder die Faden-Hirse *(Digitaria ischaemum),* die aus Zentralasien stammt und sich an den Eisenbahnlinien entlang als Ackerunkraut immer weiter verbreitet hat. Wer solche und andere »gemeine« Gräser im Garten hat, dem wird es auch leichter fallen, sie zu bestimmen, denn dazu gehört Geduld, eine gute Lupe – und reichliches Untersuchungsmaterial: Mit ein paar welken Halmen vom Spaziergang gelingt es einem kaum, ins Reich der Gräser einzudringen.

Wo dies alles noch unterzubringen wäre, fragen die Besitzer der viel zu kleinen Reihenhausgärten. Recht haben sie. Es bedeutet sozusagen die Quadratur des Gartens, auf einer endlichen Fläche die unendliche Zahl von Arten zueinanderzufügen, die der botanisch Interessierte um sich versammeln möchte.

Der Verzicht auf dekorative Großstauden ist eine erste Voraussetzung für den Ausweg aus diesem Dilemma, sodann: die Auflösung aller großen Beetanlagen in schmale, leicht zugängliche Pflanzstreifen oder kleine Quadrate, nach dem Muster alter Kloster- und Arzneigärten. Quadratische Kästen (ich habe die meinen aus fünf Zentimeter dicken, einen Meter langen Brettern gebaut) bieten zum Beispiel die Möglichkeit, eine Vielzahl von Kalkpflanzen auf einem einzigen Quadratmeter zu hegen, oder: ein Dutzend Gräser von trockenen Standorten.

Man kann in solchen Kästen jede Bodenart nachahmen; man kann durch aufgelegte Glasscheiben von halber Kastengröße die gefährliche Winternässe abhalten oder Schutz vor Spätfrösten geben; man kann in einem Kasten eine Pflanzenfamilie vereinigen, in einem anderen Knoblauch ziehen und in wieder einem anderen Neuseeländischen Spinat: Die Aufteilung schafft Platz für vieles, was auf der gleichen Fläche zuvor nicht miteinander vereinbar schien.

Manchem mag solche abgezirkelte Künstlichkeit ein Greuel sein. Er muß sich auf andere Weise zu helfen suchen. Wer seinen Garten zumindest teilweise als einen Botanischen Garten ansieht, als Pflanzensammlung, der kommt um solche Aufgliederung nicht herum.

Aus ähnlichen Gründen war ja auch der Bauerngarten eine abgezirkelte Welt: Er mußte so beschaffen sein, daß alle nötigen Pflegearbeiten Stück für Stück nach dem Jahresplan erledigt werden konnten; da war jede Aufteilung hilfreich, weil sie die Arbeitsabschnitte vorgab und die Übersicht erleichterte.

Der regelmäßige, ornamentale, oft durch immergrüne Einfassungen betonte Grundriß mit der Aufteilung in kleine, je für sich zu bewältigende Bereiche ist das wichtigste Prinzip des Bauerngartens. Das zweite ist eine Konsequenz aus der Einsicht, daß im Garten auch das Nützliche meist zierend und das Zierende auf seine Art auch nützlich ist – also fügte man beides unbefangen zueinander: statt strenger Trennung eine muntere Melange von besonderem Charme. Das dritte Prinzip ist die Beschränkung auf einen bewährten Bestand traditioneller Pflanzenarten, freilich immer wieder ergänzt durch Neuheiten, meist aus fremden Ländern.

Es spricht nichts dagegen, die drei Grundprinzipien des Bauerngartens auf den kleinen Hausgarten zu übertragen, denn die Voraussetzungen sind dieselben: intensive Nutzung einer begrenzten Fläche bei begrenzter Arbeitszeit und der Wunsch nach schmückenden und eßbaren Gewächsen. Die regelmäßig Anlage hat, besonders wenn sie durch eine Buchsbaumeinfassung konturiert wird, den Vorteil, daß auch im Winter der Blick durchs Fenster durch ein heiteres Grundmuster gefesselt wird.

Was aber auch bei der sorgfältigsten Planung nicht vergessen werden sollte, sind kleine Bereiche, in denen eine bestimmte Art von »Unordnung« erhalten bleibt. Zum Beispiel fehlt in den meisten unserer Gärten ein Moderplatz für Holzreste, eine schattige, möglichst etwas feuchte Ecke, in der Reisig, Aststücke, morsche Bretter und Wurzelstubben langsam zerfallen, von Pilzen zerfressen und von Asseln zernagt. Spinnen und Ohrwürmer finden sich mit Sicherheit ein, Insekten suchen hier Unterschlupf, Käfer tauchen auf, die man sonst kaum zu sehen bekommt.

Ich weiß, der Moderplatz ist eine zweischneidige Empfehlung. Denn natürlich sind nicht alle Insekten, die hier den Winter überdauern, im Garten gleichermaßen willkommen, und natürlich nützt der verrottende Holzhaufen auch den Krankheitspilzen von Obstbäumen und Stauden. Im Frühsommer haben mir die Larven des Erlenblattkäfers die ganze Erle innerhalb von drei Wochen kahlgefressen – was nur möglich war, weil offenbar ein ganzes Heer von Käfern an einem gut geschützten Platz in aller Ruhe überwintern konnte, um dann im Frühjahr zur Eiablage in die Erle einzufallen.

Daß der Erlenblattkäfer mit seinen metallisch blau glänzenden

Flügeln ein Juwel ist, tröstet mich nur mäßig, eher schon: daß er auch ohne Moderplatz wahrscheinlich irgendwo den Winter überstanden hätte. Jedenfalls mag ich den Holzhaufen nicht missen und denke, daß seine Gefahren geringer sind als seine Vorteile.

Natürlich kann man hier auch Schattengräser pflanzen. Moose siedeln sich von selbst an, und von den Farnen empfehle ich den zierlichen Blasenfarn *(Cystopteris bulbifera),* der an seinen Wedeln zahlreiche Brutknöllchen entwickelt und sich mit deren Hilfe vegetativ vermehrt. Wer damit noch nicht genug hat, mag versuchen, im Holzmulm eßbare oder dekorative Pilze seßhaft zu machen.

Ich versuche das seit Jahren an vielen Stellen im Garten, indem ich alle nach dem Putzen übriggebliebenen Reste frischer Pilze irgendwo ausstreue. Da kann dann plötzlich vor dem Komposthaufen ein dickes Nest von Schopftintlingen aus der Erde brechen, oder es gibt ein paar Champignons unter den Wacholdern – gerade genug für eine kleine Mahlzeit.

Natürlich sind das reine Zufallserfolge, aber man könnte die Sache auch systematisch betreiben, indem man sich die Pilzbrut kommen läßt und, je nach den Bedürfnissen der einzelnen Arten, an den richtigen Stellen ausbringt: Der Dünne Anisegerling gedeiht unter Brombeerspalieren, der Parasol auf einem alten Komposthaufen, der Violette Ritterling unter Nadelbäumen – solche Weisheit habe ich aus einem Buch von Hellmut Steineck über ›Pilze im Garten‹. Ich lese oft darin, träume von ungeheuer fruchbaren Pilzkolonien, von Pfannen voller Röhrlinge und von einer kleinen Wiese, auf der im Frühjahr Unmengen von Mairitterlingen erscheinen, denen im Herbst der Grünspanträuschling folgt – und auf dem Moderplatz gedeiht der Austernseitling, den man wie Schnitzel braten kann.

Das sind nur Träume – ich habe sie noch nicht zu verwirklichen versucht, weil ich ahne, wie viel neue Arbeit damit verbunden wäre. Aber vielleicht können meine Träume einige andere Pflanzenliebhaber zur Tat verlocken.

Ich gebe mich (einstweilen) mit Zufallsfunden zufrieden: An einer schattigen Stelle hat sich auf morschen Aststücken der unscheinbare Tiegel-Teuerling *(Crucibulum levis)* angesiedelt. Ich hoffe, daß er seßhaft bleibt, denn er ist ein ganz ungewöhnliches Wesen: Als kleine, graubraune Keule kommt er ans Licht und wächst zur Größe einer Erbse heran; dann platzt die Keule oben auf, es bildet sich eine kleine Schüssel, und in dieser liegen mehrere linsenförmige Sporenbehälter. Sie sehen aus wie winzige Geldstücke, und die Bauern pflegten früher aus ihrer Anzahl darauf zu schließen, ob es eine Teuerung geben werde – daher der Name. Durch starken Regen können die Sporenbehälter aus der Schüssel geschleudert werden, und da sie mit einem spiraligen Klebefaden versehen sind, bleiben sie dann leicht an einem Strohhalm oder an einem Holzstück hängen – Ausgangspunkt für eine neue Kolonie von Tiegel-Teuerlingen.

Jetzt wird es Zeit, die Meerrettich-Ernte einzuholen und frische Meerrettich-Sahne zu bereiten, zum Wirsing oder zu Roten Beeten. Man muß in dieser Köstlichkeit schwelgen, bis einem ob der beißenden (aber gesunden) Schärfe die Tränen in die Augen treten. Die restlichen Stangen betten wir sorgfältig in feuchten Sand, damit wir das Ereignis des frischen Meerrettichs noch ein paarmal wiederholen können – denn die käuflichen Meerrettich-Konserven sind im Vergleich dazu schlechthin ungenießbar.

Kren heißt der Meerrettich in Süddeutschland, aber das ist kein bayrisches Wort, sondern ein russisches, denn die Pflanze ist aus Osteuropa zu uns gekommen. Dicke, feste, einigermaßen gut zu reibende Wurzeln bilden sich nur, wenn man so vorgeht, wie es die Gartenbücher vorschreiben: Im März pflanzt man die »Fechser«, die dünnen vorjährigen Seitenwurzeln, schräg in einen kniehohen Erdwall; Anfang Juni und Ende August werden die Wurzeln vorsichtig freigelegt, mit einem Messer von Knospen und Wurzelfilz befreit und dann wieder mit Erde bedeckt.

Zwar lohnt die Meerrettich-Sahne solche Mühe durchaus, aber ich ziehe es doch vor, mich mit unregelmäßig dicken und dünnen Wurzeln zu begnügen und dafür dem energischen Gewächs eine Freiheit zu lassen, die mir die Arbeit sommerlicher Wurzel-Pflege erspart. Soll der Meerrettich sich doch in irgendeiner Gartenecke austoben und die Büschel aus großen, gewellten Blättern hochrecken, als wolle er spätestens im übernächsten Jahr den ganzen Garten erobert haben: Im Herbst wird der Bestand doch wieder gerodet bis auf einen Rest von Fechsern, die dann im kommenden Frühjahr unverdrossen austreiben.

Und wie sie austreiben! Das ist das große Meerrettich-Wunder im April: Diese etwas ungeschlachte Pflanze beginnt den neuen

Meerrettich

Lebens-Zyklus mit einer Blattgeneration von äußerster Zartgliedrigkeit, mit einem Filigranwerk, das man in jedem Jahr aufs neue ins Haus trägt als einen Fund, wie er um diese Zeit noch selten ist. Später erst vergißt der Meerrettich seine ziselierten Anfänge und gibt sich ganz der Grobheit hin.

Allein der Austrieb lohnt es, daß man den Meerrettich wenigstens für ein oder zwei Jahre einmal in den Garten holt. Er braucht einen frischen, nahrhaften Boden mit Lehm und mit einem hohen Anteil an Sand, damit er seine Wurzeln ohne jede Stockung in die Tiefe treiben kann.

Überhaupt – der Sand! Sein Lob wird viel zu wenig gesungen. Manche glauben, er sei »unfruchtbar« (was nur für reinen Quarzsand zutrifft), und die wenigsten sind sich über seine wohltätigen Wirkungen klar – sonst würden bei der Neuanlage von Hausgärten nicht mehr Unmengen von Torf verpraßt, sondern Wagenladungen von Sand eingearbeitet, jedenfalls in alle schweren, lehmigen oder verdichteten Böden.

Der Sand fördert die Durchlüftung des Bodens, sorgt für eine gute Wasserführung und damit für eine kontinuierliche Aufschließung und Beförderung der Nährstoffe, er begünstigt eine reiche und ungestörte Wurzelbildung und enthält darüber hinaus in feinster Verteilung Ton und Silikate, die für die Ernährung der Pflanze wichtig sind. Was ihm sonst an Elementen und organischen Stoffen fehlt, läßt sich durch geduldiges Mulchen in zwei oder drei Jahren leicht ergänzen. Daß sandiger Boden an der Oberfläche schnell abtrocknet, trifft zwar zu, aber die gute Wasserführung sorgt immer für Nachschub von unten: Wenn Lehmboden längst zu betonharten Brocken verbacken ist, hat der sandige Boden immer noch Spuren von Feuchtigkeit in sich und vermag sogar die minimalen Wassermengen des morgendlichen Taus aufzunehmen.

Vollends unentbehrlich ist der Sand für die Kultur von Stecklingen und Sämlingen. Ein kleines Sandbeet, von Bohlen oder einer Steinlage eingefaßt, im Halbschatten oder Schatten gelegen, kann uns, selbst wenn es nicht größer ist als ein Quadratmeter, das ganze Jahr über Erfolgserlebnisse bescheren, wenn wir dort kleine Pulks von Stecklingen aller Art unterbringen oder wenn wir Gehölz-Sämlinge, die wir irgendwo im Garten vorfinden, nach dorthin umsiedeln.

Dabei können wir nach den Regeln der Kunst vorgehen, wenn wir Bücher haben, in denen die richtigen Zeitpunkte für das Schneiden von Stecklingen der Stauden und Gehölze angegeben sind; leider ist das nur in richtigen Fachbüchern der Fall. Wir können aber auch aufs Geratewohl das, was wir eben abgeschnitten haben, versuchsweise einfach in den Sand stecken; dann gibt es natürlich Mißerfolge, aber sehr oft auch überraschendes Gelingen:

Aus den halbverholzten Salbeitrieben, die wir im Frühjahr abgeschnitten haben, um die Sträucher nicht zu sparrig werden zu lassen, wird eine Kolonie kräftiger kleiner Salbeipflanzen, mit denen wir alle Freunde versorgen können, die unsere in heißer Butter gerösteten Salbeiblätter delikat gefunden haben; wir ziehen kleine Buchsbäume heran, die wir eintopfen und an Balkongärtner verschenken können, wenn diese nach immergrünen Kleingehölzen suchen; wir stecken im Frühjahr oder im August Rosmarin und ernten zu Weihnachten für ein duftendes Stöckchen mehr Dank als für ein Tannenzweig-Ikebana.

Ab Ende November können wir von vielen Blütensträuchern und Bäumen »Steckholz« nehmen, in bleistiftlange Abschnitte zerlegen und diese gebündelt im Sand versenken; im März holen wir sie heraus und stecken sie, eng beieinander, in den Sand, so daß nur zwei oder drei Augen das Licht sehen. Viele davon werden bald Wurzeln schlagen, und wir werden erstaunt sein, wie schnell unsere kleine Quadratmeterbaumschule immer wieder geräumt ist, wenn sich erst herumgesprochen hat, daß wir ständig Nachwuchs heranziehen.

Es sei aber noch einmal betont, daß es für jede Staude und jedes Gehölz einen bestimmten Termin gibt, der für das Schneiden von Stecklingen der »richtige« ist. Allerdings gibt es auch Pflanzen, die sich während der ganzen Vegetationszeit mühelos durch Stecklinge vermehren lassen; zu ihnen gehört die Eberraute *(Artemisia abrotanum),* die wir auch jetzt noch in der eben beschriebenen Weise als Steckholz schneiden und überwintern können. Im Frühjahr gesteckt, werden die Zweigstücke sich in kürzester Zeit bewurzeln und schon im ersten Jahr üppig weiterwachsen.

Die Eberraute ist eine der aromatischen Pflanzen, von denen man gern im Vorbeigehen ein Blatt abzupft, um den Duft einzuatmen. Um so näher liegt es, daß wir mit ihren Stecklingen im Garten kleinste, jeden Schnitt ertragende Hecken pflanzen, ähnlich den Buchs-Einfassungen der Bauerngärten.

Solche Kleinsthecken dienen zwei offenkundigen und einem verborgenen Zweck: Sie geben dem Garten eine Grundstruktur, sie schaffen für die in ihrer Nähe wachsenden Pflanzen ein schützendes Kleinklima – und sie können bei der Abwehr von Schädlingen helfen, sei es, daß sie nur mechanisch als ablenkende Mauer wirken, oder sei es, daß ihre Duftstoffe Insekten vertreiben. Ich halte es durchaus für möglich, daß die Eberraute, die ihren Duft schon bei der leisesten Berührung abgibt, solche Wirkungen hat – nur müßte noch ausprobiert werden, wogegen: Die Erforschung solcher Zusammenhänge steckt noch in den allerersten Anfängen und kann nur durch unablässige Versuche und Vergleiche in Hunderten von Gärten geleistet werden.

Auch andere Halbsträucher, die sich für kleinste Hecken eignen, könnten auf solche Weise wirksam sein, so die stark duftende Weinraute *(Ruta graveolens),* von der man ebenfalls um diese Jahreszeit Steckholz schneiden kann, ferner der Salbei, der Lavendel und das Berg-Bohnenkraut, alle winterhart, alle verholzend, alle unempfindlich gegen rigorosen Schnitt – und alle als

Gewürze so schätzenswert, daß es nur von Vorteil sein kann, wenn man größere Bestände davon hat.

Ich könnte mir einen Gemüsegarten vorstellen, in dem alle Beete von niedrigen Hecken aus solchen Halbsträuchern begleitet sind, und auf diesen Beeten würden nicht nur die kleinen Sämlinge der Gemüsepflanzen vor kalten und austrocknenden Winden beschützt sein, sondern es blieben wohl auch manche der üblichen und erwarteten Schädlinge aus. Hier liegen kaum je zu erschöpfende Möglichkeiten für jene Gärtner, die nicht nur etwas erzeugen wollen, sondern darüber hinaus immer wieder den Reiz des forschenden Probierens kosten möchten: Sie kommen niemals aus ihrem Garten, ohne eine Neuigkeit erfahren zu haben.

Dezember

Den Brauch, in der Vorweihnachtszeit Mistelzweige aufzuhängen, haben die Blumenhändler aus England und Amerika importiert. Allenthalben werden jetzt die starren lederblättrigen Büschel mit den weißen Beeren feilgehalten, zu horrenden Preisen. Der Weihnachtsbrauch ist die letzte blasse Erinnerung an die bedeutende Rolle der Mistel im altgermanischen Mythos und im Volksglauben. Vom Vertrauen auf die Kraft der Mistel blieb nur die vergleichsweise banale Ermächtigung, unter einem Mistelzweig jedes beliebige Mädchen küssen zu dürfen.

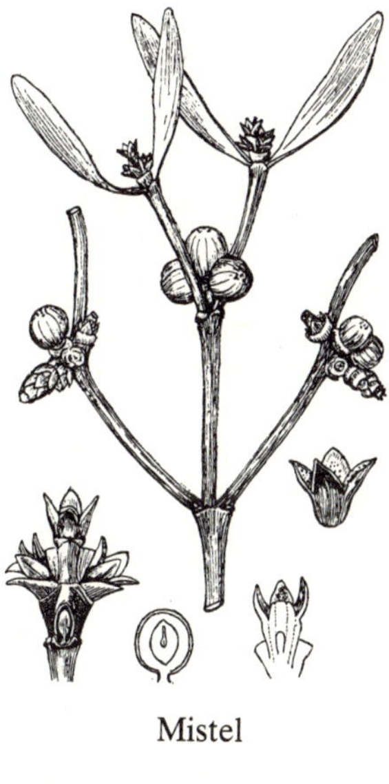

Mistel

Der alte Mistelzauber mag damit zusammenhängen, daß die Mistel *(Viscum album)* in vielerlei Hinsicht, bis in Feinheiten der Anatomie und Physiologie hinein, eine ganz und gar absonderliche Pflanze ist, die sich über mehrere Grundregeln pflanzlichen Lebens hinwegsetzt. Zum Beispiel sind nicht nur ihre Blätter, Blüten und Sproßglieder grün, sondern sogar ihre »Wurzeln«, die freilich keine richtigen Wurzeln sind, vielmehr Senker und Saugstränge, mit denen die halbparasitär lebende Mistel dem

Saftstrom ihres Wirtsbaumes Wasser und Mineralstoffe entnimmt; organische Stoffe baut sie selber mit Hilfe ihres Blattgrüns auf. Auch der in den weißen Beeren liegende »Same« der Mistel ist ungewöhnlich: Der darin enthaltene Keimling ist fast »fertig« und von Blattgrün erfüllt. Tatsächlich ist die Mistel die »grünste« Blütenpflanze, die es bei uns gibt.

Wer sie im Garten ansiedeln will, kann die Beeren von den Mistelsträußen aus dem Blumenladen nehmen. Allerdings muß er beachten, daß es drei Unterarten der Mistel gibt:

Die eine gedeiht nur auf Laubbäumen, die zweite nur auf Tannen und die dritte nur auf Fichten und Kiefern. Äußerlich sind sie kaum zu unterscheiden, am ehesten noch dadurch, daß das Samenkorn bei der Laubbaummistel ziemlich flach, bei den anderen hingegen gewölbt ist.

Mit den Nadelbaummisteln habe ich noch keine Erfahrungen sammeln können, während mir die »Aussaat« der Laubbaummistel auf Äpfeln und auf der Felsenbirne *(Amelanchier)* oft gelungen ist. Man braucht dazu möglichst frische und möglichst viele Früchte. An einem trockenen Dezembertag zerdrückt man sie zwischen zwei Fingern und klebt den Samen mit dem ihm anhaftenden zähen Schleim an die Rinde einjähriger Zweige; am besten wickelt man den Schleimfaden ein paarmal um Samen und Zweig herum. Binnen Stunden trocknet der Schleim auf und hält den Samen fest – freilich nicht immer fest genug für all die Unbill, die ihm bis zur Keimung im Frühjahr noch bevorsteht: Frost und Schnee und Regen lösen viele Samen wieder ab; in manchen Wintern blieben mir von zwanzig bis dreißig angehefteten Samen nur einer oder zwei übrig.

Im März wächst aus dem Samen ein am Ende verdicktes Füßchen und krümmt sich sogleich zum Ast hin; sobald sein Ende die Rinde berührt, erweitert es sich zu einer Haftscheibe, aus der der erste Senker in den Ast eindringt. Ein Jahr verharrt der Mistelkeimling so. Die Keimblätter kleben dabei immer noch, von der eingetrockneten Beerenhülle bedeckt, an der alten Stelle. Erst im nächsten Frühjahr richtet sich dieses Ende auf, die Keimblätter entfalten sich, fallen aber bald ab, wenn das erste Laubblattpaar sich bildet. Von da an wächst die Mistel Jahr für Jahr in immer weiterer paariger Verzweigung etagenweise nach allen Seiten, bis sich allmählich die charakteristische Kugelform des Mistelbusches herausbildet.

Im fünften Jahr nach erfolgreicher »Aussaat« kann man zum ersten Mal mit dem Erscheinen der unauffälligen, ganz schmucklosen Blüten rechnen. Die Mistel ist zweihäusig, zur Fruchtbildung kommt es also nur dann, wenn man eine weibliche und eine männliche Pflanze hat. Meist löst sich dieses Problem von selbst dadurch, daß die Samen der Laubholzmistel zwei oder drei Embryonen enthalten, aus einem Samen also zwei oder drei Büsche unmittelbar nebeneinander und ineinander wachsen.

In der Natur sind es die Misteldrosseln, die die Verbreitung und Anheftung der Samen besorgen, sei es, daß sie sie vom Schnabel abstreifen, sei es, daß sie die Beeren fressen und den Samen samt dem unverdaulichen Schleim wieder ausscheiden, so daß der eine oder andere an einem Zweig hängenbleibt.

Zu den Eigenarten der Mistel gehört es, daß ihre Blätter immer paarweise erscheinen und die Form der Keimblätter beibehalten. Die Mistel bleibt gewissermaßen auf der Ebene des Keimlings stehen. Dazu paßt es, daß selbst alte Mistelbüsche kaum Spuren von Verholzung zeigen: Die Mistel bleibt grün, bildet keine Borke, sie altert nicht eigentlich, sondern wird nur unentwegt älter. Grün bleiben auch die Senker und Saugstränge, obwohl sie im Dunkel von Bast und Holz verborgen sind. Wie die Zeit, so sind auch Schwerkraft und Licht ohne Einfluß auf die Mistel: Sie wächst nach allen Seiten in den Raum hinein, strebt weder dem Licht entgegen noch von der Erde weg wie andere Pflanzen und ist selbst darin eigen-sinnig, daß, wenn mitten im Winter ihre Früchte reifen, die Blütenanlagen des nächsten Jahres schon fast fertig ausgebildet sind. Andererseits trägt die Mistel im März, wenn sie blüht, oft noch Beeren aus dem Vorjahr und entgegen allen Mitteilungen der Lehrbücher sind die darin enthaltenen Keimlinge immer noch lebensfähig. Auch um diese Zeit kann man noch Misteln »säen«.

Immergrün wie die Mistel ist auch der Efeu *(Hedera helix)*, der oft jetzt im Dezember noch blüht und im frühen Frühjahr seine schwarzen Früchte reifen läßt. Allerdings ist es nur die strauchig wachsende Altersform dieser Kletterpflanze, die Blüten trägt. Man kann sie in Gärtnereien kaufen oder, etwas mühsamer, selbst erzeugen, indem man etwa eine rankende Efeupflanze an einen Pfahl pflanzt und sie konsequent durch regelmäßiges Beschneiden daran hindert, nach den Seiten auszugreifen oder über den Pfahl hinauszuwachsen. Nach einigen Jahren wird der Efeu dann aufrechte Zweige mit einer völlig anderen, nämlich ovalen und nicht gelappten Blattform bilden und die ersten Blüten treiben. Steckinge von diesen Zweigen behalten den strauchigen Wuchs bei, während aus den Samen gezogene Pflanzen wieder klettern.

Der Efeu (von dem es außer *Hedera helix* noch mehrere Arten gibt) wird in den Gärten verkannt und vernachlässigt. Man fürchtet, er könne Bäume abtöten (was nicht stimmt) oder Mauerfugen lockern (was auch nicht stimmt); man findet ihn langweilig, obwohl es eine unüberschaubare Vielfalt von Abwandlungen, Sorten und Rassen gibt; man verbannt ihn in irgendeine dunkle Ecke, in der sonst nichts wächst, obwohl man mühelos und schnell jeden Drahtzaun, jede Garagenwand und jeden Pfahl

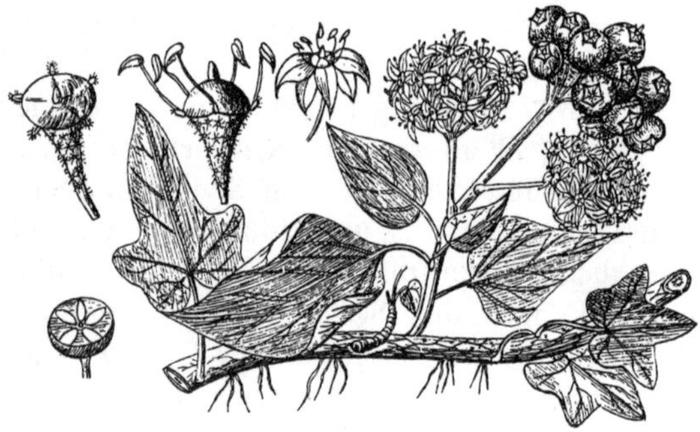

Efeu

damit begrünen kann. Marienkäfer, Spinnen und anderes Getier lebt oder überwintert darin: Der Efeu ist ein Refugium im »aufgeräumten« Garten und übrigens, wenn er blüht, ein reizvoller Bestandteil winterlicher Sträuße.

Von den acht Sorten in meinem Garten liebe ich am meisten die, die wir vor Jahren auf der Suche nach einem ländlichen Anwesen fanden. Das Haus, zu dem wir kamen, war kaum des Hinsehens wert, aber im Garten stand ein toter Birnbaum, und der war rundum von einem dichten Pelz aus Efeu eingehüllt: Frischgrüne Blätter lagenweise übereinander – und kein Blatt wie das andere, sondern jedes eine neue Zwischenform aus einer unendlich langen Formenreihe, vom schiefen Dreieck zum dünnfingerigen Blatt reichend.

Aus dem damals mitgebrachten Steckling ist inzwischen eine mächtige Pflanze geworden, am Fuß so dicht verzweigt, daß sich in diesem Jahr ein kleines Volk von Wildbienen darunter ein faustgroßes Nest hat bauen können.

Wer im Winter frischen Schnittlauch essen will, muß nach dem ersten Frost aus dem Garten einen Wurzelballen holen, eintopfen und aufs Fensterbrett stellen; gleichmäßig feucht gehalten, treibt er bald aus. Es gibt aber auch noch eine zweite, weit ertragreichere Möglichkeit: die Etagenzwiebel, auch Ägyptische Luftzwiebel genannt. Sie ist wahrscheinlich eine Kreuzung aus der Küchenzwiebel *(Allium cepa)* und der Winterzwiebel *(Allium fistulosum)* und führt ein merkwürdig verborgenes Dasein: Ich habe sie noch nie in einem Gartenbuch erwähnt gefunden, kaum je in einem Gartenkatalog entdeckt, noch nie in einer Gärtnerei gesehen. Es gibt sie aber, und sie ist etwas ganz Besonderes:

Auf ihrem röhrigen, aufgeblasenen Stengel trägt sie anstelle von Blüten eine ganze Dolde von Brutzwiebeln, und meist ist diese Dolde durchwachsen, das heißt: in ihrer Mitte setzt der Stengel sich fort und es entsteht in einigem Abstand eine weitere Dolde, oft auch noch eine dritte. Dabei krümmt sich der Stengel in den oberen Etagen auf bizarre Weise: Wer das Etagenzwiebel-Beet zum ersten Mal sieht, lacht hell auf, bevor er fragt, was es mit diesen grünen Schlangen auf sich habe.

Die Brutzwiebeln werden etwa haselnußgroß. Man kann sie im August ernten und nach Belieben entweder sofort stecken oder dunkel und trocken aufbewahren, um sie irgendwann im Winter, draußen oder drinnen, in Sand oder Erde zu drücken: Kaum haben sie Licht und Feuchtigkeit, treiben sie dünne Röhrenblätter, die man wie Schnittlauch verwenden kann; sie sind ein wenig gröber und schmecken ein wenig schärfer als dieser. Gegenüber dem manchmal etwas heiklen Schnittlauch hat die Etagenzwiebel den Vorzug absoluter Unverwüstlichkeit und großer Fruchtbarkeit noch auf dem ärmsten Boden.

Natürlich kann man auch die Hauptzwiebel essen, doch ist sie kleiner und schmaler als unsere gewohnten dicken runden Speisezwiebel-Züchtungen. Vielleicht ist dies der Grund dafür, daß das heitere Wunder der Etagenzwiebel keine Gnade vor den Augen der Händler gefunden hat und sich fast unter Ausschluß der Öffentlichkeit verbreitet – durch Schenkung von Gärtner zu Gärtner.

Gern schenkt der Gärtner von der Fülle etwas her. Es macht ihm Vergnügen, wenn der Beschenkte, wie mit einer ersehnten Beute von dannen zieht. Der Reichtum des Gartens wird durch solche Gaben nicht geschmälert, breitet sich vielmehr aus in andere Gärten, vermehrt sich, vervielfacht sich schließlich. Der Gärtner, von dem das seinen Ausgang nahm, weiß darüber nichts Genaues, hofft nur, daß seine Geschenke gedeihen und denkt daran, daß sie nur Bruchteile dessen ausmachen, was ihm geschenkt ist; denn der Garten ist ein Geschenk.

Im Text erwähnte Bücher

Hellmut Baumann: Die griechische Pflanzenwelt in Mythos, Kunst und Literatur. München 1982
Walter Brettschneider: Obstbäume in Töpfen. Stuttgart 1984
Charles Darwin: Die Bildung der Ackererde durch die Thätigkeit der Würmer. Nachdruck, Berlin 1983
Ludwig Diels: Ersatzstoffe aus dem Pflanzenreich. Stuttgart 1918
Heinz Ellenberg: Zeigerwerte der Gefäßpflanzen Mitteleuropas. Göttingen 1979
A. Garcke: Illustrierte Flora. Deutschland und angrenzende Gebiete. Berlin 1981
Michael Lohmann: Öko-Gärten als Lebensraum. München 1983
Rote Liste der gefährdeten Tiere und Pflanzen in der Bundesrepublik Deutschland. Greven 1984
Schmeil-Fitschen: Flora von Deutschland und seinen angrenzenden Gebieten. Heidelberg 1982
Helmut Steineck: Pilze im Garten. Stuttgart 1981

Bezugsquellen

Sehr viele der in diesem Buch erwähnten Pflanzenarten sind nicht im Sortiment der Gartencenter zu finden, wohl aber bei einer Reihe von Versandgärtnereien, die sich bemühen, mehr als das Übliche zu bieten. Hier einige Anschriften:

Bornträger, Postfach 100, 6521 Offstein (Pflanzen, Samen)
Kayser & Seibert, Postfach 28, 6101 Roßdorf (Pflanzen, Samen)
Klose, Rosenstraße 10, 3503 Lohfelden (Pflanzen)
D. Köhler, Leonhardistraße 28, 8201 Biberg (Samen)
W. Lau, Lindenweg 17, 7881 Großherrischwand (Samen; Pflanzen nur von Mai bis Oktober)
E. Mangelsdorf, Postfach 101653, 4350 Recklinghausen (Pilze)
E. Oldehoff, Sieglmühle 2, 8395 Hauzenberg/Krinning (Wasserpflanzen)
Dr. H. Simon, 8772 Marktheidenfeld (Pflanzen)
K. Wachter, 2081 Appen-Etz (Wasserpflanzen)

Abbildungsnachweis

Die Abbildungen dieses Bandes sind der ›Illustrierten Flora von Deutschland‹ von August Garcke (17. Auflage, Berlin 1895) entnommen.

Register